Sibille Fuhrken

Glücksorte auf Fehmarn

Fahr hin & werd glücklich

Dieses

Glücksbuch

ist für

Liebe Glücksuchende,

lässiges Surferleben trifft auf inspirierte Kunstschaffende, Traditionen werden gepflegt und neue Ideen verwirklicht. Der Knust, wie Fehmaraner ihre Insel liebevoll nennen, scheint in Aufbruchstimmung zu sein und diese Energie ist einfach ansteckend.
Fehmarn ist die Insel mit den meisten Sonnenstunden im Jahr. Und die lauschigen Plätzchen am Meer, die schier endlosen Ostseestrände und schroffen Steilküsten sind perfekt für alle meerverliebten Strandgutfinder und Ruhesuchenden. Auf dem seichten Wasser der Meeresbuchten powern sich Surfer, Kiter und Wingfoiler aus und in den weitläufigen Naturschutzgebieten genießen Wanderer die erholsame Stille und werden gleichzeitig Zeuge grandioser gefiederter Naturschauspiele. Es gibt viele spannende Geschichten zu entdecken – in alten Gemäuern genauso wie in neuen Ateliers. Man ruht sich auf Feldsofas aus und Torten werden auf der Insel nicht geträumt, sondern einfach gegessen – es gibt wohl kaum einen Ort mit so fantastisch hoher Backwerkdichte wie Fehmarn.
Kommen Sie mit mir auf eine Insel, die so vielseitig und facettenreich ist, die erfüllt ist von Lebensfreude und Freundlichkeit und die nur von einem Kleiderbügel „an Europa" festgehalten wird. Kommen Sie mit mir und entdecken Sie für sich das wunderbare Fehmarn!

Ihre Sibille Fuhrken

Deine Glücksorte …

… noch mehr Glück für dich

Mehr Beachlife geht nicht

1 Am Südstrand Burgtiefe

Es ist nicht verwunderlich, dass der Südstrand von Burgtiefe auch der wohl beliebteste Strand Fehmarns ist. Ein relativ schmaler Streifen Düne trennt die 2003 neu angelegte Strandpromenade vom feinen weißen Sand des schönen Strandes, zu dem es mehrere Zugänge gibt. In der Saison ist er teilweise dicht mit Strandkörben belegt und wirklich gut besucht. Für alle Wasserratten und Sonnenanbeter ist dies der perfekte Ort – hier kann man nach Herzenslust das Leben am Strand genießen. Der Südstrand bietet einen ganzen Strauß an Möglichkeiten und garantiert nicht nur Badespaß in Reinform. Hier lässt es sich im Strandkorb auch großartig entspannen, gechillt an einer Strandbar sitzen und den Überblick behalten, sich auf dem Wasser auspowern oder einfach nur Sonne tanken – Fehmarns Karibikfeeling! Aufgrund des klaren Wassers und des seicht abfallenden Strandes sind hier auch Familien mit Kindern gut aufgehoben. Wahrhaftig großartig!

TIPP

Bei schlechtem Wetter in die Badewelt FehMare eintauchen.

Diejenigen, die trubeligem Strandleben lieber aus dem Wege gehen, besuchen den Südstrand am besten außerhalb der Saison. An einem kalten, klaren Wintertag vielleicht, wenn man dick angezogen über den hart gefrorenen Sand stapft und die Wintersonne sich auf dem Meer spiegelt, oder im Herbst, wenn es auch hier recht stürmisch sein kann und zumindest für einen Augenblick alle trüben Gedanken weggeweht werden. Besonders schön ist es hier auch an einem der ersten Frühlingstage, wenn die Sonnenstrahlen bereits etwas wärmen und es schon die ein oder andere Gelegenheit gibt, draußen zu sitzen und sich bei einer heißen Schokolade aufzuwärmen.

Über das Jahr verteilt gibt es darüber hinaus zahlreiche Events: Stand-up-Paddling und Surfwettbewerbe, der Kitesurf World Cup, die Drachentage sowie das große Feuerwerk zum neuen Jahr. Aber egal, wann es einem am Südstrand am besten gefällt: Der 2,5 Kilometer lange und bis zu 60 Meter breite wunderbare Sandstrand lässt jeden den Stress des Alltags vergessen und neue Energie tanken.

● Südstrand Burgtiefe, 23769 Fehmarn

Der Blick von oben

2 Aussicht vom Leuchtturm Flügge

Leuchttürme üben fast überall auf der Welt eine ganz besondere Faszination aus – schließlich ermöglichen sie den Seefahrern auch bei Dunkelheit eine glückliche Heimkehr in den Heimathafen. Zudem bieten sie eine einzigartige Aussicht auf das Meer, die man sonst in dieser Form niemals zu Gesicht bekäme.

Rund 1,5 Kilometer sind es, die man zu Fuß zurücklegen muss, um den höchsten und einzigen begehbaren Leuchtturm Fehmarns besichtigen zu können: den Leuchtturm Flügge. Stolze 37,5 Meter ragt der rote Backsteinturm an der Stelle in die Höhe, an der einst eine Baumgruppe, die „Flügger Holz" genannt wurde, Seefahrern als Landmarke beim Navigieren diente. Und so ein wenig kommt das Gefühl einer kleinen Pilgertour auf, so ruhig und erhaben steht der Turm inmitten des Naturschutzgebietes Krummsteert. Keine Autos, keine Hektik – ein Weg durch die Natur und ein Ziel, das man hier nicht aus den Augen verliert. Ein Weg, an dessen Ende 162 Stufen in die Höhe zur Aussichtsplattform führen, 13 weitere noch mal hoch in den Laternenraum. Nein, es gibt keinen Aufzug, aber der Weg lohnt sich, denn allein die offene Wendeltreppe, die den Turm hinaufführt, ist eine kleine Besonderheit. Und schließlich erwartet Wagemutige auf der Aussichtsgalerie ein grandioser Blick über das Naturschutzgebiet Krummsteert und die gesamte Insel sowie den glitzernden Fehmarnsund. Bei gutem Wetter kann man von hier sogar bis ins benachbarte Dänemark blicken.

TIPP

Lust auf eine abgefahrene Rikscha-Tour? Hier in der Sommersaison möglich!

Wie vielen Schiffen der Leuchtturm wohl schon die Einfahrt in den Fehmarnsund gesichert hat? Und sichern, das tut er auch heute noch. Seit 1977 sendet er automatisiert pünktlich ab einer Stunde vor Sonnenuntergang sein Licht und ist noch in einer Entfernung von 17 Seemeilen – das sind über 30 Kilometer – zu sehen. Glücklich, wer ihn auf dem Meer in der Dunkelheit entdeckt(e). Glücklich, wer heute hier dieses wundervolle 360-Grad-Panorama erleben kann. Hier heißt es: Nase in den Wind halten, den scheinbar unendlichen Ausblick genießen und tief durchatmen.

● Leuchtturm Flügge, 23769 Fehmarn, www.leuchtturm-fluegge.de

Kröpel und Tortenträume

3 Zu Gast im Hofcafé Albertsdorf

In den frühen Morgenstunden wird Albertsdorf in verführerischen Duft frischer Backwaren gehüllt, denn in der Backstube des Hofcafés geht es hoch her. Frisches Brot, knackige Brötchen und am Wochenende sogar die Möglichkeit, sich hier in der Morgensonne mit einem Frühstück verwöhnen zu lassen. Das charmante Hofcafé ist in einer der schönsten Scheunen der Insel untergebracht – mitten auf dem Hof, der seit mehreren Generationen von der Familie bewirtschaftet wird. Im großen Garten mit schattigen Pavillons und Strandkörben oder an Tischen im Innenhof sowie auch im Café können Gäste es sich so richtig gemütlich machen.

Und dann heißt es: Wer die Wahl hat, hat die Qual, denn die unverschämt vielseitige Auswahl im Tresen des Cafés stellt manch einen vor eine schier unlösbare Aufgabe. Blechkuchen, die je nach Saison mit auf der Insel gewachsenen, handgepflückten Früchten gekrönt sind, cremige Sahneschnitten, Käsekuchen wie von Oma gebacken und verführerischste Torten, die Kuchenherzen höherschlagen lassen. Dies gilt insbesondere für die süßen Kunstwerke der Konditormeisterin Annabell Rahlff-Mackeprang, die auf Bestellung versucht, jegliche Tortenträume zu erfüllen.

Aber wer auf Fehmarn ist, sollte auch die traditionellen Kröpel probieren, die es früher für die Helfer der Weizenernte zur Stärkung auf den Feldern gab. Kröpel sind runde, süße Hefeteigkugeln, die in Fett gebacken und anschließend in Zucker gewendet werden. Mal gibt es sie mit Rosinen, mal mit Grieß, aber noch immer stehen sie traditionell zur Weizenernte auf dem Kaffeetisch.

Für welche süße Leckerei man sich auch immer entscheidet, sicher ist, dass hier jeder Gast nach allen Regeln der Backkunst verwöhnt wird – und das in besonders herzlicher Atmosphäre. Und auch für zu Hause kann man sich noch etwas mitnehmen: Im Hofladen gibt es allerlei Handgemachtes und ausgesuchte Dekoartikel als Erinnerung an leckere Stunden in Albertsdorf.

TIPP

Alljährliches Kröpelfest in Petersdorf zur Erntezeit mit frischen Kröpeln, Ernte-Bowle und Livemusik.

● Hofcafé Albertsdorf, Albertsdorf 13, Albertsdorf, 23769 Fehmarn, Tel. (0 43 71) 50 25 24, www.hofcafe-albertsdorf.de

KAFFEE
CAPPUCCINO
MILCHKAFFEE
LATTEE MACCHIATO
ESPRESSO
HEIßE SCHOKOLADE
IN WEIß, VOLLMILCH od. HERB
• MIT SAHNE
BAILEYS 2,50
AMARETTO 2,00
RUM 2,00
TEE
SCHWARZ TEES 2,40
• EARL GREY
ROOIBOS TEES
KESSEL
TEE
SUNNY

Die mächtig Geheimnisvolle

4 In der St.-Nikolai-Kirche in Burg

Der mächtige vierkantige Turm der St.-Nikolai-Kirche übertrumpft mit seinen 48 Metern Höhe alle Leuchttürme der Insel. Ursprünglich war er sogar noch 18 Meter höher, aber bei einem starken Sturm im Jahr 1760 brach die Spitze des Turmes ab, und man verpasste dem Koloss mit seinen 2 Meter dicken Mauern eine geschwungene barocke Haube mit offener Laterne. Auch das hoch aufragende Spitzdach des Kirchenschiffs lässt von außen ein gewaltiges Kircheninneres vermuten, von dem Besucher zwar nicht enttäuscht, mit Sicherheit aber überrascht sein werden. Die 9 bis 11 Meter hohen Gewölbejoche sind niedriger als vermutet, dennoch ist das Innere der dreischiffigen Hallenkirche freundlich hell und einladend. Wandmalereien, teilweise noch aus der Zeit der Romanik, wieder freigelegt und rekonstruiert, zieren das Gewölbe und ziehen gleich beim Eintritt in die Kirche alle Blicke auf sich. Es ist still hier und unwillkürlich breitet sich Ruhe auch auf Besucher aus. Es lohnt sich, einmal im Kirchenschiff Platz zu nehmen, den jahrhundertealten Raum auf sich wirken zu lassen und die friedvolle Stimmung aufzunehmen.

TIPP
Sich gegenüber im Gold Kiteshop in der Süderstraße 2 über die neuesten Trends der Surferszene informieren.

Kunst- und kulturhistorische Highlights dieser dem Schutzpatron der Seefahrer geweihten Kirche sind neben dem gotischen Altar und dem Armenblock vor allem der Blasiusaltar im nördlichen Seitenschiff. Aber auch die beiden Taufbecken sind interessant. Eines von ihnen, das gotische Bronzetaufbecken von 1391, thront auf drei liegenden Löwen. Vermutlich stammt es aus Schweden, doch wie und wieso es auf Fehmarn landete, ist bis heute ein Rätsel. Geheimnisumwittert sind auch die beiden Steinquader, die in die Kirchenwände eingemauert wurden. Dabei handelt es sich wohl weder um Elemente der Statik noch um Schmuck oder Reliquien. Es gibt zwar Vermutungen, doch bisher keine plausiblen Erklärungen für die Funktion der Quader. Und vielleicht möchte die St.-Nikolai-Kirche einfach auch ein paar Geheimnisse für sich behalten.

St.-Nikolai-Kirche, Breite Straße 47, Burg, 23769 Fehmarn

Porzellan trifft Meer

5 In der Galerie Lina Danklefsen

Jedes Exponat in ihrer Galerie ist in liebevoller Handarbeit gefertigt und ein absolutes Unikat. Die großen, farbenprächtigen Bilder ebenso wie die raffinierten Gegenstände aus feinem Porzellan. In dem sehr stilvoll eingerichteten Laden der gelernten Keramikerin Lina Danklefsen kann man sich in die kreative Welt der Künstlerin entführen und von ihren witzigen Ideen begeistern lassen. Die verknickten Plastikbecher, die jeder kennt, gehen einem, hatte man sie erst mal nachgeformt in Porzellan in der Hand, nicht mehr aus dem Sinn. Was für eine grandiose Idee – und der Kaffee schmeckt auch noch daraus!

Inspiration findet die Künstlerin vor allem am Meer: Wellen, Sand, Licht. Sie liebt die Strukturen am Strand und auf dem Wasser, die Unberechenbarkeit und Wildheit. Elemente, die sie hier am Strand sammelt, wie zum Beispiel Tang und Sand, werden mit ins Studio genommen und in ihre Arbeit integriert – Lina experimentiert mit allem, was sie hier findet, und variiert mit Materialien und Techniken. Der Entwicklungsprozess, Althergebrachtem den Rücken zu kehren und die Grenzen der Materialien auszuloten, ist dabei für sie besonders spannend.

TIPP

Einen Abstecher in die kleine Kaffeestube in der Alten Hauptstraße 15 in Petersdorf machen.

Sehr schnell nach ihrer Ausbildung hat sie sich auf Porzellan spezialisiert. Das strahlende Weiß des Materials, der feine, elegante Charakter und die Lichtdurchlässigkeit faszinieren sie an Porzellan ebenso wie die Tatsache, dass Farben hier viel besser zur Geltung kommen. „Aber Porzellan braucht auch viel mehr Zuwendung als Ton beispielsweise“, sie lacht, „und zickiger als Ton ist Porzellan auch.“ Ihren Werken sieht man diese Eigensinnigkeit des Materials nicht an. Ganz im Gegenteil. Die Heringe zum Beispiel, die die in Plattentechnik „gebauten“ Porzellanobjekte aus der Linie „Schwarm“ umkreisen, scheinen perfekt mit dem Material verschmolzen zu sein. Ein Ausflug in die Welt der Lina Danklefsen ist wie das Betreten eines kleinen kreativen Universums, gespickt mit ganz viel Liebe, Meer und Witz. Und natürlich mit ganz viel Fehmarn.

● Lina Danklefsen, Porzellan & Malerei, Mittelstraße 8, Petersdorf, 23679 Fehmarn, Tel. (0 43 72) 3 58 05 05, www.linadanklefsen.de

Fehmarn im Glas

6

Die Küstenmanufaktur in Burg

Die Frische, die Aromen und den Geschmack Fehmarns im Glas mit nach Hause nehmen – das wär's! Dachten sich jedenfalls Anja und Bernd Asbahr, als ihre Idee zur Küstenmanufaktur entstand. Da die beiden selbst gerne kulinarische Spezialitäten aus dem Urlaub mit nach Hause bringen, machten sie sich Gedanken darüber, welche Leckereien Fehmarns Gäste eigentlich für zu Hause einpacken. Gedacht, getan. Seitdem werden in der Küstenmanufaktur köstliche Leckereien zubereitet – alle ohne Zusätze, Farb- und Konservierungsstoffe. Inseltypische Spezialitäten als Reiseerinnerung – das ist ihr Geschäftskonzept. Und das geht auf!

Großer Beliebtheit erfreut sich das Strandrosenblütengelee, das auch intern als absolutes Highlight gehandelt wird. Die Blüten der Strandrosen werden per Hand geerntet – nicht die schlechteste Beschäftigung bei blauem Himmel mit Blick auf die glitzernde Ostsee. „Wie eine kleine Auszeit", sagt Anja und pflückt die Blüten, die schon fast verblüht vom nächsten Windstoß weggeweht würden. „Je reifer, desto besser", sagt sie, „nur verblüht dürfen sie nicht sein." Geerntet wird am frühen Morgen, nachdem der erste Tau abgezogen ist, denn dann ist das Aroma am stärksten und schließlich soll ja der pure Rosenblütengeschmack im Glas landen. Die gesammelten Blüten werden auf spezielle Art eingelegt und ausgekocht und das Ergebnis ist ein blumig-fruchtiges Gelee mit wirklich einzigartigem Geschmack.

TIPP

Unbedingt auch das Petersilien-Pesto probieren!

Aber die Küstenmanufaktur hat noch einiges mehr im Programm. Was die Natur zu bieten hat, wird zu regionalen Produkten verarbeitet: Gelee aus Fliederbeeren, wie hier im Norden die Holunderbeere genannt wird, oder der Fruchtaufstrich aus der Blauen Heckenkirsche, deren ganz eigener Geschmack an Blaubeere und Schwarze Johannisbeere erinnert, sind zwei aus dem großen Sortiment der Küstenmanufaktur, das je nach Jahreszeit variiert. Auch die Inselwürze und das Dill-Zitronen-Salz für alle, die ihre Fischgerichte echt nordisch lieben, sind fantastische Fehmarn-Erinnerungen im Glas.

● Küstenmanufaktur, Osterstraße 55, Burg, 23769 Fehmarn, Tel. (0 43 71) 8 72 00
www.kuestenmanufaktur.de

MOIN
KÜSTEN
MANUFAKTU
handmade on Fehmarn
KÜSTEN MANUFAKTUR

Ein Hauch von Côte d'Azur

7

Die CaféBar Sand-Tropez in Altenteil

Sand-Tropez liegt an der Ostsee – Moment, wie bitte? Auch wenn man nicht Bewohner des Ahoi Camps ist, kann man es sich in der feinen CaféBar Sand-Tropez so richtig gut gehen lassen. Wer sehnt sich in Anbetracht dieses grandiosen Ortes direkt an der Ostsee schon an die Côte d'Azur? Niemand, denn hier gibt es einfach alles, was man für eine entspannte Zeit braucht. Eine große Holzterrasse bietet viel Platz, und auch im sehr geschmackvoll modern eingerichteten Inneren fühlt man sich sofort wohl. Ein heller Raum mit großen Fenstern und großformatigen Bildern, rustikalen Holztischchen und vielen Kissen verteilt auf den Bänken entlang der Wand – maritim, nordisch, einfach eine großartige Location mit sehr hohem Wohlfühlfaktor. Ein Ort zum Entspannen – ob mit Freunden auf einen Klönschnack, gemeinsam mit der Familie oder einfach, um ein wenig Zeit für sich zu haben.

TIPP

Die Strand-Kantine Bei Smutje ist gleich um die Ecke.

Geradezu spektakulär ist der Ausblick auf die Ostsee. Da das Sand-Tropez direkt am Surfspot Altenteil beheimatet ist, wird Gästen des Cafés hier je nach Wasser- und Windverhältnissen zusätzlich noch Surf- und Kite-Akrobatik geboten – und das frei Haus, denn dieser Ausblick ist einfach unbezahlbar. Das entspannte und superfreundliche Team des Cafés tut sein Übriges, um diesen Platz zu einem lebendigen und unkomplizierten Ort werden zu lassen. Es tut einfach gut, sich hier eine Pause zu gönnen. Einen Kaffee zu bestellen oder sich für ein anderes Getränk aus der breit gefächerten Auswahl zu entscheiden und die fantastische Kulisse dieses schönen Fleckchens Erde zu genießen. Das Salz in der Luft schmecken, die prächtigen Farben der Natur anhimmeln, die bunten Segel der Wassersportler verfolgen – sich einfach des Augenblicks erfreuen. Wen dann das Verlangen nach etwas Süßem packt, dem kann mit Kuchen aus der Hofbäckerei in Altenteil geholfen werden. Ob Schoko-, Käse- oder Apfelkuchen – jedes Stück ist eine echte Gaumenfreude. Es kann manchmal so einfach sein, sich glücklich zu fühlen.

● CaféBar Sand-Tropez, Ahoi Camp Fehmarn, Altenteil 21, Altenteil, 23769 Fehmarn
www.ahoi-camp-fehmarn.de/cafebar-sand-tropez

Alle Vögel sind schon da

8

Im Wasservogelreservat Wallnau

Fernglas und Kamera einpacken, feste Schuhe anziehen und los geht's in die Natur im Westen der Insel! Hier wurde 1977 auf einem ehemaligen Gutshof ein Wasservogelreservat und Naturschutzgebiet errichtet, das auf rund 300 Hektar flache Teiche, Feuchtwiesen sowie einen ca. 2 Kilometer langen Strandabschnitt samt Dünen umfasst. Besucher dürfen das Reservat erkunden – natürlich nur auf den Wegen. Es empfiehlt sich daher gleich zu Anfang, dem NABU-Informationszentrum einen Besuch abzustatten, um sich einen Überblick über dieses wunderschöne Naturgebiet zu verschaffen. Von hier aus starten in der Saison auch tägliche Führungen zu verschiedenen Themen. Auf dem knapp 1 Kilometer langen Naturerlebnispfad erfahren Besucher spannende Fakten zur Flora und Fauna Wallnaus, außerdem kann Natur hier erschnuppert und ertastet werden – auch für Erwachsene eine Herausforderung! Vom Aussichtsturm aus haben Besucher einen grandiosen Blick auf das Naturschutzgebiet bis hin zum Flügger Leuchtturm und zum Festland im Süden und weiter östlich bis zur Fehmarnsundbrücke.

TIPP

Unbedingt genügend Zeit einplanen – es gibt viel zu entdecken.

Aus sogenannten Hides, kleinen Holzhütten mit Sehschlitzen, können die frei lebenden Tiere beobachtet werden. Hier verstecken sich die Menschen, um die Tiere so wenig wie nur möglich zu stören. Es lohnt sich, ein wenig zu verweilen und aufmerksam zu beobachten. Dann wird man feststellen, dass immer irgendetwas Neues passiert. Kein Wunder! Das Wasservogelschutzgebiet ist wichtiger Brut- und Rastplatz – im Laufe der Jahre wurden hier über 270 Vogelarten gesichtet: von Säbelschnäbler, Eisvogel und Bekassine bis Austernfischer, Löffler und Silberreiher. Auch Graureiher, Seeadler, Kanada- und Graugänse geben sich die Ehre. Aber nicht nur Vögel finden hier ideale Bedingungen vor, auch Amphibien und Insekten fühlen sich pudelwohl, und nicht selten wird das Froschkonzert von fleißigem Summen begleitet. Abschließend einmal über den Barfußpfad und das Naturerlebnis mit allen Sinnen in Wallnau ist perfekt.

● NABU-Wasservogelreservat Wallnau, Wallnau 4, Wallnau, 23769 Fehmarn
www.wallnau.nabu.de

Per sempre

9 Ein Herz für Schlösser am Yachthafen Burgtiefe

Per sempre – für immer – das zumindest sagen Liebende, die ihr Liebesschloss an der Milvischen Brücke in Rom angebracht haben und den Schlüssel dazu in den Tiber werfen. Ein Liebesschloss ist ein Vorhängeschloss, das mit einer Gravur versehen wurde, meist handelt es sich um Initialen oder die Vornamen der Verliebten, manchmal auch um ein Datum dazu, und dann an Brücken oder Gittern befestigt wird, um symbolisch ihre Liebe zu besiegeln. Woher dieser Brauch stammt, ist nicht eindeutig geklärt, vermutlich geht es aber auf Absolventen einer Sanitätsakademie in Florenz zurück, die nach dem Abschluss ihrer Ausbildungszeit die Schlösser ihrer Spinde an einem Gitter der Ponte Vecchio befestigten. Dieses Ritual wurde von Verliebten übernommen: Sie befestigten ein Schloss – meist graviert – vornehmlich an Brücken, die bekanntlich Orte miteinander verbinden – so wie die Verliebten miteinander verbunden bleiben wollen. Bestseller von Frederico Moccia und deren Verfilmungen machten diese Geschichte über die Landesgrenzen Italiens hinaus populär. Mittlerweile verewigen sich auf diese Art aber nicht nur Paare – auch Freunde, Familien und Touristengruppen wollen sich so ein kleines Denkmal setzen. Aber es gibt auch eine Kehrseite der Medaille, denn in der Masse werden die Schlösser unter Umständen zur Gefahr. Das Brückengeländer der Pont des Artes in Paris stürzte bereits unter der zusätzlichen Last von etwa 93 Tonnen ein.

TIPP

Sehen und gesehen werden auf dem Walk of Fehm.

Was für eine gute Idee also, den Schlössern einen eigenen Ort zu schenken. Am Yachthafen in Burgtiefe können die Schlösser an einem mannshohen Metallherz für immer die Verbindung manifestieren, die Menschen miteinander eingegangen sind. Was wäre passender? Und der Blick auf eine Brücke – in diesem Falle auf die ikonische Fehmarnsundbrücke – fehlt auch nicht. Wie schön, hier auf einer der Bänke zu sitzen, fast vollständig umgeben von der Ostsee, und sich die Geschichten hinter den vielen Schlössern auszumalen. Welche besonderen fehmarnschen Liebesgeschichten würden uns die Schlösser wohl hier in der Meeresbrise zuraunen, könnten sie etwas erzählen?

● Herz für Liebesschlösser, Am Yachthafen 1007, Burgtiefe, 23769 Fehmarn

Die feine Spannende

10 In der Petrikirche in Landkirchen

Sie gilt als die „Feinste“ unter den Kirchen Fehmarns. Und auch, wenn man sich vielleicht beim äußeren Anblick der eher schlicht anmutenden Petrikirche fragt, woher dieser schmeichelnde Titel wohl stammt, spätestens beim Eintritt ins kühle Kircheninnere wird es einem klar. Hier verspricht das Äußere nicht viel und so hat das Innere leichtes Spiel. Die dreischiffige frühgotische Backsteinkirche aus dem 13. Jahrhundert fällt von außen vor allem durch ihre Lage auf einem kleinen Hügel und den etwas abseits frei stehenden hölzernen Glockenturm auf. Im Kircheninneren hingegen prächtiges Spätbarock, aber auch weitere bemerkenswerte Besonderheiten, auf die Besucher ihre Aufmerksamkeit richten sollten.

Gleich am Eingang die 60 Betschemel, von denen einige noch mit einer Hausmarke versehen sind – einer Besonderheit der Insel, die bis ins 17. Jahrhundert noch gebräuchlich war und ein stilisiertes Erkennungszeichen der freien Bauern darstellte. Auch die beiden Votivschiffe sollte man genauer ansehen. Der Lübecker Dreimaster gilt als ältestes Modellschiff Deutschlands – es stammt aus dem Jahr 1617. Die sechs aufwendig gearbeiteten Logen aus dem 18. Jahrhundert zeigen auch heute noch eindrucksvoll, wie reiche Familien sich sogar in der Kirche ihren besonderen Platz sicherten. Ihr Privileg war es auch, kommen und gehen zu können, wann sie wollten, denn der Zutritt der Logen erfolgte über eine Treppe von außen. Heute eher Kuriosum der Geschichte, damals bittere Schande: der sogenannte Armesünderinstein im südlichen Vorbau der Kirche. Hier mussten Frauen, die uneheliche Kinder zur Welt gebracht hatten, für alle sichtbar mit einer Holzpuppe im Arm ausharren. Weitere Besonderheit der Petrikirche ist auch der Landesblock – eine im 13. Jahrhundert angefertigte Eichentruhe mit drei Schlössern, in der bis 1867 die wichtigsten Urkunden und Siegel der Insel aufbewahrt wurden. Alles in allem eine nicht nur feine, sondern vor allem spannende Kirche, die vor Geschichte nur so strotzt.

TIPP

Lütt-Matten-de-Has-Holzstatue vor der Kirche zu Ehren von Klaus Groth, der sechs Jahre hier lebte.

● Petrikirche, Hauptstraße 30, Landkirchen, 23769 Fehmarn

Alte Verbindungen

11 Idylle im Hafen von Orth

Wer Häfen mag, wird diesen lieben. Kaum ein anderer Hafen auf Fehmarn ist so idyllisch wie der kleine Hafen von Orth und Kenner behaupten gar, dies sei einer der schönsten Flecken der Insel. Der Hafen, der 1881 angelegt wurde, diente einst vor allem dem Getreideexport. Hiervon zeugen noch der große Speicher und auch die alten Gleise der damaligen Inselbahn, die auf dem mit Feldsteinen gepflasterten Hafenplatz noch zu sehen sind. Güter- und Personenverkehr entwickelten sich vom kleinen Orth aus äußerst positiv, es etablierten sich regelmäßige Verbindungen nach Heiligenhafen und Kiel, teilweise bis nach Lübeck. Vor dem Zweiten Weltkrieg wurde Orth sogar zeitweise eine Art Seebad mit Badependelverkehr zum gegenüberliegenden Krummsteert, einem etwa 2 Kilometer langen Nehrungshaken, der heute unter Naturschutz steht. Doch mit dem Ausbau der Eisenbahnlinie auf Fehmarn verloren die größeren Verbindungen auf dem Seeweg immer mehr an Bedeutung und wurden schließlich eingestellt.

Ein Hafen mit Geschichte also – und genau das macht das besondere Flair aus, auch wenn er heute nur noch als Sportboothafen genutzt wird. Eine ganz eigene Atmosphäre umgibt das Hafengelände. Einige Restaurants und Cafés haben sich hier angesiedelt und ziehen Tagesgäste an, sich hier auf dem Kai niederzulassen und die einzigartige Stimmung zu genießen. Das Hafenbecken kann zu Fuß fast komplett umrundet werden und auf der Westseite gibt es zahlreiche Bänke und Tische für eigenes Picknick, einen Becher Kaffee oder einfach für eine kleine Pause. Von hier aus hat man auf der einen Seite einen grandiosen Blick auf die Meeresbucht Sulsdorfer Wiek samt Flügger Leuchtturm im Hintergrund, auf der anderen Seite schaut man auf die Cafés und Restaurants am Kai und die tanzenden Masten der Segelboote, die im Hafen liegen. Ein großartiges Ensemble, fast so, als hätte sich jemand diesen Ort erdacht, dem ein einzigartig malerischer kleiner Hafen vorschwebte. Diesen Ort muss man einfach genießen!

TIPP

Gutes Frühstück gibt's im Café am Hafen.

● Hafen Orth, 23769 Fehmarn

Im äußersten Nordwesten

12 Auf der Aussichtsplattform Markelsdorfer Huk

An der Küste im Nordwesten Fehmarns erstreckt sich das wunderschöne Naturschutzgebiet Westermarkelsdorfer Huk, umgeben von einer Landschaft mit Lagunen, Binnenseen, Niedermooren und Grünland. Und dem Meer natürlich, denn der Ostsee haben wir diese fantastische Landschaft heute zu verdanken. Die Markelsdorfer Huk – Huk steht vor allem im Norddeutschen für einen hakenförmigen Küstenvorsprung – ist die nordwestlichste Spitze dieses Gebiets. Wie häufiger an der Ostseeküste zu beobachten, spülten auch hier Wind und Wasser vor der ursprünglichen Küstenlinie Sand und Geröll zu langen Strandwällen und Nehrungshaken auf und trennten Buchten vollständig vom Meer ab. Herbst- und Winterstürme modellieren durch die aufgepeitschte See auch heute noch die Küstenlinie immer wieder neu – sehr anschaulich wird demonstriert, was für gewaltige Kräfte hier wirken. Zum Schutz der charakteristischen Vegetation und Tierwelt, die sich hier angesiedelt und an den sich immer wieder verändernden Lebensraum angepasst haben, dürfen Teile dieser bemerkenswerten Landschaft nicht betreten werden. Aber auch ohne sie bleibt ein herrlich weitläufiges Gebiet – feiner Sandstrand und Dünen, Schilf und Feuchtwiesen, das es zu erkunden gilt. Etwas abgelegen, aber dafür Ostsee-Erlebnis pur. Durchatmen und loslegen!

TIPP

Zu erreichen ist die Plattform am besten vom Parkplatz in Altenteil aus. Fernglas nicht vergessen!

Einen perfekten Überblick kann man sich verschaffen auf der 3 Meter hohen Aussichtsplattform, die 2016 unmittelbar an der besonders geschützten Dünenlandschaft errichtet wurde. Von hier aus bietet sich nicht nur ein spektakulärer Blick über das großartige Naturschutzgebiet, sondern auch auf eine der meistbefahrenen Wasserstraßen der Welt, den Fehmarnbelt. Die Containerschiffe, die bei guter Sicht von hier aus beobachtet werden können, und die eigene Abgeschiedenheit, ja mancher tags gar Einsamkeit, stehen in krassem, sehr reizvollem Kontrast zueinander. Ein wohliges, erwartungsvolles Kribbeln kriecht langsam den Rücken hoch – ein bisschen so, als wisse man, wie wundervoll es hier ist, nur noch nicht genau warum.

● Aussichtsplattform Markelsdorfer Huk, Westermarkelsdorf, 23769 Fehmarn

Süße Träume im Zirkuswagen

13

Anja Neumanns Tortenbotschaft in Burgtiefe

Schon als kleines Mädchen war Anja Neumann klar, was sie wollte: einen Zirkuswagen und ein Café. Dass sie beides bekam und auch noch miteinander kombinieren konnte, ist die Erfüllung eines lang gehegten Traums. Als der Circus Siemoneit-Barum 2008 aufgelöst wurde, bot sich die Chance für Anja Neumann, den alten Zirkuswagen, der als Mini-Schule fungiert hatte, zu übernehmen. Nun musste der historische Zirkuswagen restauriert werden, Regale und Schulbänke kamen raus, Backofen, Verkaufstresen und Tortenschrank hinein. In liebevoller Handarbeit wurde der Wagen zu Anjas mobilem Café – dem kleinsten Café der Insel.

Anfangs wurde hier auf 15 Quadratmetern mit nur einem Ofen gebacken, und in ihrer „Backbibel", dem Buch einer Fehmaranerin, die ihre Rezepte für ihre Töchter aufgeschrieben hatte, entdeckte Anja immer mehr Rezepte, die sie sukzessiv nachbackte. Von Schichttorte über Stachelbeerbaiser zu den fehmarnschen Kröpeln. Das kam an. Mittlerweile nennt Anja Neumann zusätzlich nicht nur eine Gewerbeküche ihr eigen, sondern sie hat auch eine Konditormeisterin angestellt, die ihr zur Hand geht und mit der sie zusammen die großen Torten backt. Im Zirkuswagen kommt nur noch Kleingebäck oder auch mal ein Blechkuchen in den Backofen.

TIPP

Einen der schönen Plätze an der Promenade mit Blick auf den Burger Binnensee ergattern und genießen!

Je nach Jahreszeit wird mit Früchten der Saison gebacken, so viele Zutaten wie möglich sind bio und regional. „Die besten Zutaten sind gerade gut genug für die fehmarnschen Köstlichkeiten", sagt Anja Neumann – und das lieben ihre Gäste. Die fehmarnsche Nusstorte, der Käsekuchen und die fehmarnschen Wespennester sind echte Dauerbrenner. Ebenso die „Kuchen Tapas", drei verschiedene kleine Kuchenstücke – perfekt, wenn man mehr als nur eine Sorte probieren möchte. Die Leidenschaft, die Handwerkskunst und das liebenswürdige, sympathische Team der Tortenbotschaft muss man einfach erlebt haben. Denn wie heißt es hier? „Vor Kuchen kannst du dich nicht verstecken, er findet dich!"

● Tortenbotschaft, Am Yachthafen, Burgtiefe, 23769 Fehmarn
www.tortenbotschaft-fehmarn.de

Tortenbotschaft
ANJA NEUMANN

Im Rausch der Farben

14

Pottery Posner in Petersdorf

Dass Farben eine große Wirkung auf Menschen haben, lernte die studierte Kunstpädagogin und -therapeutin Jenny Posner bereits während ihres Kunststudiums in Kanada. Dort entdeckte sie den Farbenreichtum, der sich heute in ihrer Arbeit als Keramikerin widerspiegelt.
Als beträte man einen großen Farbkasten, so kommt es einem im ersten Augenblick vor, wenn man ihre kleine Ausstellung betritt. Farben sprechen ganz unterschiedliche Gefühle an, so steht Blau für Weite, Rot für Lebenskraft und Aktionismus und Gelb steht für Licht und Helligkeit und weckt unwillkürlich Fröhlichkeit beim Betrachter. Die Farben miteinander zu kombinieren und auch Gegensätze zu überbrücken, das ist die große Kunst, die Jenny Posner meisterlich beherrscht. Denn ob all dieser Buntheit macht sich sofort ein gutes Gefühl in einem breit, ein Lächeln huscht über das Gesicht und eigentlich möchte man beginnen, ein Lied vor sich hin zu summen. Fröhlich ist es hier bei Pottery Posner, ein kleines Manifest der Lebensfreude in Keramik. Dass hier jemand seine Leidenschaft zum Beruf gemacht hat, ist unübersehbar. Und welcher Standort wäre dafür besser geeignet als die farbenfrohe Sonneninsel Fehmarn?
Im kleinen Laden gibt es alles, was im Haushalt gerne etwas mehr Farbe abbekommen dürfte. Ob Frühstücks-, Ess- und Pastateller, Müslischalen, Becher mit genügend Platz für Milchkaffee, Lieblingstee oder einen warmen Kakao und Tassen oder Platten in unterschiedlichen Größen – mit diesen mit Gold verzierten Keramikstücken wird jeder Tisch zum absoluten Hingucker. Farbenfrohe Olivenschiffchen und Zitruspressen, Marmeladentöpfe, Krüge, Vasen – auch für den Lenker am Fahrrad – und auch Tür- und Schrankknäufe, Klingelschilder, Schmuckstücke und sogar Schachfiguren gibt es hier. Es gibt kaum einen Gegenstand im Haus, dem diese Farben nicht stehen würden. „Es ist schön, zu sehen, wie die Farben meiner Keramik die Seelen meiner Mitmenschen berühren", sagt Jenny Posner. Und das tun sie. Gute Laune ist garantiert – und zwar nachhaltig!

TIPP
Im nahe gelegenen Caféhmarn Wohnzimmeratmosphäre und Kaffee genießen.

● Pottery Posner, Liebesallee 3, Petersdorf, 23762 Fehmarn, Tel. (0 43 72) 7 22 99 98
www.pottery-posner.de

Besuch bei Jachen Flünk

15

Das Mühlenmuseum Lemkenhafen

Einst wurden hier insbesondere Gerste und Weizen zu Graupen, Grütze und Mehl vermahlen und dann nach Skandinavien exportiert. Die älteste und einzige funktionstüchtige Segelwindmühle Jachen Flünk in Lemkenhafen wurde 1787 errichtet und ist heute Heimat für das Mühlen- und Landwirtschaftsmuseum auf Fehmarn. Benannt wurde sie nach ihrem Erbauer Joachim (Jachen) Rahlff, der als sehr umtriebig galt (Flünk = flink bzw. Flügel). Von Verfall und Abbruch blieb sie nach dem Zweiten Weltkrieg dank engagierten Einheimischen verschont und diese erreichten sogar, dass die Mühle unter Denkmalschutz gestellt wurde.
Nach aufwendigen Restaurierungsarbeiten konnte im Jahr 1961 hier das erste Museum dieser Art deutschlandweit eröffnet werden. Dass in dieser Ausstellung viel Herzblut und Liebe steckt, ist sofort spürbar. Auf insgesamt fünf Etagen – man darf sich auf enge, steile Treppen gefasst machen – und im anliegenden alten Speicher wird anhand von landwirtschaftlichen Geräten, alten Haushaltsgeräten, Modellnachbauten fehmarnscher Bauernhöfe, historischen Dokumenten, Bildern und alten Fotos das Leben der Landbevölkerung in der damaligen Zeit illustriert. Ein Füllhorn an Exponaten! Aber natürlich ist vor allem die Mühle selbst, allem voran ihre beeindruckende Technik, zentrales Thema des Museums. Sie ist als letzte vollständig erhaltene von ehemals 17 Mühlen auf Fehmarn ein wichtiges Zeugnis der Inselgeschichte. Mit einer Höhe von 22 Metern überragt sie noch immer den alten Hafenort und schon damals muss es beeindruckend gewesen sein, wenn alle 12 Meter langen Flügel mit Segeln bespannt waren. Es war wichtig, die Wetterverhältnisse genau im Blick zu haben und sich Veränderungen genau anzupassen. Von der Mühlengalerie aus und auch durch die Luken im oberen Teil der Mühle eröffnet sich Besuchern ein fantastischer Ausblick auf Lemkenhafen. Sehenswert!

TIPP

Vor der Mühle auch das original fehmarnsche Taubenhaus ansehen.

● Mühlenmuseum Lemkenhafen, Mühlenweg 45, Lemkenhafen, 23769 Fehmarn

Softeisträume werden wahr!

16

Raddens Eis in Burg

Wo auf Fehmarn stellen sich Menschen in eine lange Schlange und warten geduldig, bis sie an der Reihe sind – mitunter sogar mehrmals die Woche? Genau, das tun sie in Burg, wenige Schritte südlich des Stadtzentrums. Dort nämlich gibt es Eis aus der ältesten Eismanufaktur Fehmarns. Seit 1947 wird hier köstlichstes Softeis hergestellt und mittlerweile hat sich eine wahre Fangemeinde herausgebildet, die Raddens Softeis auf Fehmarn als bestes Softeis überhaupt zelebriert. Und das liegt keinesfalls nur an der frischen Meeresbrise oder der Urlaubsstimmung, denn Einheimische schlemmen hier nicht selten sogar täglich ihre Portion dieses sahnigen Glücksgefühls.

Das Softeis stammt aus eigener Herstellung und ist ausschließlich für den Straßenverkauf durch ein kleines Verkaufsfenster bestimmt – ein lauschiges Plätzchen, um die kalte Leckerei so richtig zu genießen, muss man sich also selber suchen. Aber davon gibt es in Burg so einige und ein wenig Zeit, um über einen geeigneten Platz nachzudenken, hat man ja während des Anstehens auch. Und das Warten lohnt sich!

TIPP

Waldmeister mit Schokoüberzug – ein Traum!

Eisfreunde haben die Wahl zwischen verschiedenen Softeis-Bechern, je nach Saison zum Beispiel mit frischen Früchten, Karamell oder Eierlikör, einigen Milchshakes und acht verschiedenen Eissorten täglich. Auch hier variiert das Angebot je nach Saison, regelmäßig gibt es neue Sorten dieses leckeren cremigen Kulteises. Der Portionsgröße sind im Grunde keine Grenzen gesetzt. Man hat die Wahl zwischen Becher oder Waffel und verwendet werden – ganz im Zeichen der Zeit – wiederverwendbare Löffel. Es gibt Klassiker wie Vanille, Schoko oder Waldmeister, aber auch Sorten, die den meisten beim ersten Besuch wohl eher unbekannt sein dürften – zumindest als Softeis: für den Sommer Orange-Grape, Zitronenkuchen, Maracuja oder Himbeere, für den Herbst Sorten wie gebrannte Mandel, Marzipan, Butterkaramell oder Salty Peanut. Bunte Streusel, Krokant, Schoko, Lakritz oder Kakao darüber: Hier findet jeder sein Lieblingseis! Und wie heißt es so schön bei der Verabschiedung? Bis morgen!

● Raddens Eis, Süderstraße 40, Burg, 23769 Fehmarn

Die hohe Historische

17 St.-Johannis-Kirche in Petersdorf

Aller guten Dinge sind drei. Dies könnte auch für den höchsten Kirchturm Fehmarns, den Turm der St.-Johannis-Kirche in Petersdorf, gelten. Erst der dritte Bau aus gewaltigen Granitsteinen im Jahr 1567 überdauerte die Jahrhunderte. Mit über 60 Metern diente er in früheren Zeiten als Landmarke und war auf Seekarten verzeichnet – schließlich ist der Turm rund 20 Seemeilen weit zu sehen. Aber auch vom Turm aus war der Blick über Meer und Land fast endlos weit, und so wurde er in Kriegszeiten mit Wachen besetzt – eine Art Frühwarnsystem. Mehrmals erfolgten im Laufe der Zeit An- und Umbauten an der St.-Johannis-Kirche.

Im Inneren empfängt die Kirche ihre Besucher in stilvoller Schlichtheit – Backstein, weiß abgesetztes Gewölbe und wuchtige Stützpfeiler. Ein stiller Kirchenraum. Es lohnt sich, Platz zu nehmen und einfach den Raum auf sich wirken zu lassen. Ruhe kann anstecken. Und wer sich aufmacht auf eine Reise mit den Augen, kann hier die Baugeschichte sehen. Der ursprüngliche Bau stammt vermutlich aus der Mitte des 13. Jahrhunderts – ganz genau weiß man das nicht. Überreste dieser ersten Bauphase erkennt man aber im Inneren heute noch in der Nordwand sowie der nördlichen Pfeilerreihe. In gotischer Zeit wurde unter anderem das Gewölbe erneuert und das südliche Seitenschiff samt südlicher Pfeilerreihe hinzugefügt. Auch ein Blick auf den sehr kostbaren Schnitzaltar von 1390 lohnt sich: Das Altarretabel mit den vergoldeten Figuren zählt zu den ältesten Schnitzaltären Norddeutschlands.

Hat man den Blick im Inneren ausgiebig schweifen lassen, die Stille dieses Ortes inhaliert und vielleicht mit etwas Glück sogar ein paar Orgelklängen lauschen können, sollte man sich noch einmal aufmachen und um die Kirche herumgehen. Nicht nur, dass sich das Gotteshaus inmitten eines annähernd kreisrunden Friedhofs befindet. Das Gelände ist außerdem – als Erinnerung an den Deutsch-Dänischen-Krieg von 1864 – umgeben von 64 imposanten Linden. Zählen Sie nach, kommen Sie auch auf die Summe?

● St.-Johannis-Kirche, An der Kirche 4, Petersdorf, 23769 Fehmarn

Fahrgefühl: Gänsehaut!

18 Wingfoil Surfschule Fehmarn

„Alles wird ganz leise und leicht, du schwebst in der Luft, dein Foil nur knapp unter der Wasseroberfläche – ein unheimlich schönes Gefühl, das wahrlich süchtig macht", so oder so ähnlich beschreiben Wingfoiler den Moment, in dem sie abheben und über das Wasser gleiten. Einer der ersten Wingfoiler in Deutschland war Malte Krummradt, der im zarten Alter von 16 Jahren bereits deutscher Vizemeister im Kitesurfen wurde, dann aber vom Gefühl beim ersten Mal Wingfoilen direkt umgehauen wurde. Fahrgefühl: Gänsehaut!

Diese Leidenschaft hat ihn nicht mehr losgelassen und er wollte sie teilen – und so gründete er zusammen mit Kim, ebenfalls erfahrener Wingfoiler, 2020 die erste Wingfoilschule Deutschlands. Das gut durchdachte und inzwischen erfolgreich erprobte Schulungskonzept macht es jedem möglich, diese relativ neue Sportart in kurzer Zeit zu erlernen. Egal ob absoluter Wassersport-Neuling, erfahrener Wind- oder Kitesurfer oder auch Wingfoiler, die ihre Fähigkeiten verbessern möchten: Bei Wingfoil Fehmarn findet jeder das passende Angebot. Es gibt Einsteiger- und Fortgeschrittenenkurse, Privat- und Aufbaukurse, Familien-Specials und Foiltraining mit Boot. In Kleingruppen mit höchstens vier Teilnehmern wird in den Einsteigerkursen Basiswissen vermittelt, es gibt Trockentraining an Land und dann geht es erst einmal ohne Foil auf Schulungsboards ins flache Wasser. Vorkenntnisse sind dabei nicht nötig, sind aber von Vorteil. Gutes Gleichgewichtsgefühl und ein Sinn dafür, die Nase immer richtig in den Wind zu halten, schaden jedenfalls nicht. Erlernt werden kann das Wingfoilen im Prinzip genauso schnell wie Wind- oder Kitesurfen.

Geschult wird an unterschiedlichen Orten, die Schule ist mobil und immer da, wo der Wind ist – aber immer im Süden der Insel. Wer also dieser faszinierenden Sportart erst einmal mit etwas Abstand begegnen möchte, kann Schulungskursen wie auch den Profis zusehen, staunen und ein wenig Gänsehaut bekommen. Die Lust darauf, es selbst auszuprobieren, kommt ganz sicher!

● Wingfoil Surfschule Fehmarn, Menzelweg 10, Burgstaaken, 23769 Fehmarn
www.wingfoil-fehmarn.de

F-One
Swing V.2

Willkommen an Bord

19

Auf der MS TASHI im Hafen Burgstaaken

Köstliches rotes Gemüse-, Fisch- oder Chicken-Curry, eine trendige Poké Bowl oder frisches, hausgemachtes Sushi – die Karte des TASHI im beschaulichen Hafen von Burgstaaken bietet für jedermann etwas und so manches dieser großartigen Gerichte treibt dem ein oder anderen Gast fast ein paar Freudentränen in die Augen. Euroasiatische Crossover-Küche vom Feinsten, in der regionale mit internationaler Küche kombiniert wird. Hier wird das gegebene Versprechen, einzigartige Erinnerungen zu schaffen – und zwar für Zunge und Seele –, wirklich hundertprozentig eingehalten. Schon beim ersten Bissen in die frische Green Veggie Roll mit dem knusprigen Tempura-Spargel wird einem klar, dass man viel zu wenig davon bestellt hat – und jedem, der die kleinen Kunstwerke auf dem eigenen Teller probieren möchte, will man eigentlich zart auf die Finger hauen. Meins! Selbst Sushi-Kenner werden von der Kreativität im TASHI überrascht sein, Neulinge sollten auf jeden Fall einen Besuch wagen, sich ein wenig verzaubern lassen und den Einblick in eine neue kulinarische Welt genießen.

TIPP

Unbedingt noch durch den Yachthafen Burgstaaken schlendern!

Aber nicht nur die wirklich überragende Küche ist es, die den ganz besonderen Charme des TASHI ausmacht. Besonders ist auch die Lokalität selbst. Mitten im Hafen heißt das TASHI seine Gäste an Bord des ehemaligen Hochseeangelkutters MS SILVERLAND willkommen. Auf dem großen Sonnendeck, den einladend und stilvoll dekorierten Sitzgelegenheiten am Kai oder im kultigen Innenraum kann man die maritime Atmosphäre geradezu einatmen. Das funkelnde, ewig plätschernde Wasser, Fischer bei der Arbeit, ein paar Möwen, die ihnen aufmerksam zusehen, hoffentlich ein wenig Sonne und das Schiff direkt daneben, das gerade ins oder aus dem Wasser geholt wird – ein Ambiente, das seinesgleichen sucht. „Es wird uns eine Freude sein, wenn du mit einem Lächeln im Gesicht gehst", sagt das TASHI-Team. Aber wer mit einem (Vor-)Freude-Lächeln im Gesicht wiederkommt, erfreut das tolle Team auf der MS TASHI mit Sicherheit umso mehr.

● MS TASHI, Hafen Burgstaaken, 23769 Fehmarn, Tel. (0 43 62) 9 16 98 98
www.tamatsu-restaurants.de/ms-tashi-fehmarn

FURUNO
König Pilsener
TASHI
TASHI

Kreative Auszeit

20 Pott und Pinsel in Sahrensdorf

Was gibt es Schöneres als ein mit viel Liebe selbst gemachtes Geschenk oder ein Urlaubsmitbringsel, das nicht nur an Lieblingsorte der letzten Reise erinnert, sondern vor allem an die besondere Zeit, die man damit verbracht hat, es anzufertigen? Wer Lust hat, seiner Kreativität freien Lauf zu lassen und ein ganz besonderes Erinnerungsstück an den Urlaub auf Fehmarn oder ein einzigartiges Geschenk für einen lieben Menschen oder auch Vierbeiner zu gestalten, kann das bei Pott und Pinsel in Sahrensdorf.

In dem schönen, hell eingerichteten Atelier findet man alles, was es braucht, um sich eine kleine Auszeit zu nehmen und gestalterisch tätig zu werden. Eine riesige Auswahl an Keramik-Rohlingen steht hier zur Verfügung. Von kleinen Figuren und Sparschweinen bis zu Bechern, Tellern und Tassen, von Möbelknöpfen und Hundenäpfen bis zu Schalen, Servierplatten, Teekannen und Seifenspendern. Also Lieblingskeramik finden und loslegen! Kreativ sein zu können, macht glücklich – das wissen sogar schon die Kleinsten, die hier zusammen mit ihren Eltern drauflosmalen. Geradezu ansteckend, diese Freude daran, etwas Eigenes herzustellen. Aber auch die konzentrierte, manchmal geradezu ehrgeizige Stille, die oftmals Erwachsene beim Bemalen umgibt, kann sich übertragen und zu ungeahnten Höchstleistungen animieren.

Bei Pott und Pinsel gibt es immer eine kurze Einweisung in die verschiedenen Techniken der Keramikmalerei, auch Anfänger sind hier keinesfalls auf sich allein gestellt. Die verschiedenen Hilfsmittel und Vorlagen sorgen dafür, dass hier jeder seine Ideen erfolgreich umsetzen kann. Eine Palette von über 90 Farben, natürlich lebensmittelecht und ungiftig, steht zur Verfügung. Immer wieder faszinierend, welche Farbkraft sie nach dem Brennen entfalten können. Apropos – glasiert und bei über 1000 Grad im Ofen gebrannt wird das gute Stück, das bemalt wurde, auch bei Pott und Pinsel. Und hält man erst mal sein eigenes Kunstwerk fertig in den Händen, möchte man eigentlich sofort das nächste beginnen.

● Pott und Pinsel, Sahrensdorf 12, Sahrensdorf, 23769 Fehmarn
www.pottundpinsel.de

Preise inklusiv
Keramik
Farbe
Glasur
Brand

Chilligerr geht's nicht

21 Die Chillaz Café & Cocktailbar in Burgtiefe

Im ehemaligen Gebäude der Deutschen Gesellschaft zur Rettung Schiffsbrüchiger direkt an der Westmole kann man seit Kurzem die entspannte Atmosphäre des Chillaz genießen. Und der Name ist Programm! Im renovierten und stilvoll eingerichteten Innenraum mit großen Fenstern und auch auf der großen Holzterrasse können es sich Gäste mit Blick auf die Hafeneinfahrt, den Wulfener Hals und die Ostsee gut gehen lassen. Am Tag ein Café mit einer ordentlichen Auswahl an Kuchen, Eis und großer Karte mit Heiß- und Erfrischungsgetränken, am Abend eine Cocktailbar, die kaum Wünsche offenlässt. Von Aperol-Spritz bis Chillaz-Sunset, von Coconut Monkey bis Mai Tai – jeder findet hier seinen Lieblingscocktail, der flott vom freundlichen Team hinter der Theke gemixt wird. Selbstverständlich steht auch Alkoholfreies auf dem Programm. Am Abend empfiehlt sich zum Lieblingsdrink die leckere Tapas-Platte – so kann der Tag genussvoll ausklingen. Es ist einfach großartig, hier in diesem herrlichen Ambiente zu sitzen, die Schiffe, die hautnah die Mole passieren, zu beobachten, und den unglaublich schönen Blick in sich aufzusaugen. Im Hintergrund läuft dezent chillige Musik, ein nettes Team sorgt für gute Laune und die grandios entspannte Atmosphäre tut ihr Übriges, sich hier wirklich wohlzufühlen.

TIPP

Von hier aus auf der Promenade zum Aussichtsturm Utkieker wandern und den Blick aufs Meer genießen.

Die Chillaz Café & Cocktailbar ist auch ein fabelhaftes Plätzchen, um einen der wunderschönen fehmarnschen Sonnenuntergänge zu erleben – wenn hier dann noch zufällig der Abend mit Livemusik versüßt wird, gibt es wohl wenige Orte auf der Insel, die so viele zauberhafte Momente an einem einzigen Abend garantieren können. Und auch nachdem die Sonne mal wieder ohne zu zischen scheinbar im Meer versunken ist, kann man hier auf der schönen Terrasse bei hyggeliger Beleuchtung noch die warme Sommernacht genießen. Vielleicht noch ein paar Erdnüsse zum letzten Gläschen knabbern und dann ein wenig glückstrunken – den Kopf voll mit wunderschönen Bildern des Abends – nach Hause gehen und sich schon auf den nächsten Besuch im Chillaz freuen.

● Chillaz Café & Cocktailbar Südstrand, Dünenweg 43, Burgtiefe, 23769 Fehmarn
www.chillaz-suedstrand.de

SOFTDRINKS
Fritz diverse Sorten
Elephant Bay Ice Tea
LONGDRINKS
Gin Tonic
Cuba Libre
Malibu-Maracuja
Campari-Orange
WEIN
verschiedene Weiß- Rosé- & Rotweine
Prosecco
HEISSE SACHE
Espresso
Café Crema
Cappuccino
Flat White
Milchkaffee
Latte Macchiato
Chai Latte
Espresso Macchiato
Heiße Schoki
Tee
HILLAZ

Strandliebe

22 Die Skulptur Mädchen im Wind am Südstrand

Zwei Mädchen stehen in Blickrichtung Meer. Ein frischer Wind weht ihnen die Haare aus dem Gesicht. Es ist nicht kalt, sie sind spärlich bekleidet. Eines der Mädchen hält mit beiden Händen sein Handtuch über den Kopf in den Wind. Das andere trägt eine auffällige Kette aus Muscheln um den Hals. Sie haben die Augen geschlossen und halten ihr Gesicht in die Sonne.
Beim Anblick der beiden Bronzefiguren, die auf einem Betonpfeiler an der Südstrandpromenade stehen, fühlt man es ihnen fast nach, ganz egal, wie gerade das Wetter ist: die Sonne, so grell, dass man unwillkürlich die Augen schließt. Die frische Meeresbrise sorgt dafür, dass es nicht zu warm wird – eine perfekte Mischung, die jeder kennt, der Meer und Strand im Sommer liebt.

TIPP

Weitere Skulpturen von Karlheinz Goedtke an der Inselschule in Burg entdecken.

Die beiden Mädchen scheinen genau diesen Sommermoment zu genießen. Sind sie auf dem Weg zum Strand und kosten die Vorfreude darauf etwas aus? Werden sie sich wohl gleich in die Wellen stürzen und zögern diesen glücklichen Moment noch ein wenig hinaus? Vor lauter Freude streckt eine der beiden die Arme hoch in die Luft und lässt das Handtuch einem Winddrachen gleich fliegen. Demnächst laufen sie los in Richtung des schönsten Strandes der Insel. Oder sind sie auf dem Heimweg, nach einem Tag am weißen Strand, blicken sich noch einmal um und halten ihr Gesicht in die wärmende, vielleicht schon tief am Himmel stehenden Sonne? Atmen noch einmal tief die salzige Luft ein, die vom Meer zu ihnen herüberweht, und drehen sich dann um in Richtung ihrer Ferienwohnung, den Kopf schon voller Pläne für den nächsten Tag am Meer?
Was auch immer man darin sehen mag, diese schöne Statue des Künstlers Karlheinz Goedtke trifft seit 1975 jeden Strand- und Meeresurlauber ins Herz. Zwei, die den weißen Sandstrand und das funkelnde Meer, die frische salzige Brise, das Rauschen des Meeres, das Möwengeschrei und den hohen Himmel lieben. Genau wie man selbst.

● Mädchen im Wind (Karlheinz Goedtke), Südstrand, Burgtiefe, 23769 Fehmarn

Landleben und Lebenslust

23 Der Osterhof in Dänschendorf

Norddeutsches Landleben trifft auf ayurvedische Lebensphilosophie! Inmitten von frischer Landluft und sanfter Meeresbrise kann man in Dänschendorf ganzheitlich eintauchen in die Welt des Osterhofs. Gäste können sich freuen auf ein Natur- und Landwirtschaftserlebnis, auf ein Leben, das draußen und nicht vor dem Fernseher stattfindet. Auf dem 150 Jahre alten Bauernhof von Annemarie und Giacomo Giordano stehen Gästen sechs herrliche Unterkünfte zur Auswahl – frisch sanierte Villen und traditionell dezente Casas. In allen steckt viel Liebe zum Detail, die sofort spürbar ist.

Auf dem Osterhof wird Wert gelegt auf Nachhaltigkeit und Gesundheit – ein ambitioniertes Projekt, bei dem Landwirtschaft, Urlaub auf dem Lande und ayurvedische Lebensweise miteinander vereint werden. Gäste können hier die wunderschöne Natur mit allen Sinnen erfahren: das Summen der Wildbienen und Gackern der Hühner, den Duft von Blumen und dem frischen Gemüse aus dem Permakultur-Garten und die facettenreichen Farbschattierungen von zartem Grün der Sträucher und Wiesen bis knalligem Rot und Gelb der Blüten und Früchte. Im weitläufigen schönen Außengelände mit saftigen Wiesen, opulenten Blumenbeeten und einem großen Gemüse- und Kräutergarten lässt es sich hervorragend entspannen. Und auch Kinder haben hier viel Platz zum Toben und Spielen. Darüber hinaus können Gäste aus einem vielfältigen Gesundheits- und Wellnessangebot auswählen – alles in allem: ein Urlaub mit Mehrwert.

TIPP
Im Hofladen kann man auch an Sonn- und Feiertagen einkaufen. EC-Karte nicht vergessen.

Im Hofladen werden täglich frische Produkte angeboten. Waren kommen vom Osterhof selbst sowie von anderen Bauernhöfen, aus Feinheimisch-Manufakturen Schleswig-Holsteins, aber auch aus Giacomos Heimat Italien, wie das Olivenöl und der Wein. Aber nicht nur die Herkunft der Waren spielt eine Rolle bei der Aufnahme in die Produktpalette, auch Tierwohl und verantwortungsbewusste und regenerative Landwirtschaft stehen ganz oben auf der Wunschliste. Ein Einkauf und Urlaub mit gutem Gewissen, der einfach glücklich macht.

● Osterhof Fehmarn, Gammendorfer Straße 21, Dänschendorf, 23769 Fehmarn
www.osterhof-ayurveda.com

Burgerliebe mit Ausblick

24 Quintings im Hafen von Orth

Frisch gebackene Burger-Buns belegt mit knackigem Salat, aromatischen Tomaten, Gurke und Zwiebel, darin köstlich gebratene Pattys und selbst gemachte Burgersauce – die bekommt man im Quintings in erstklassiger Lage direkt im Hafen von Orth. Aber natürlich geht es hier nicht um irgendwelche Burger, denn genauso einzigartig wie die Lage sind auch die Leckereien im Quintings. Die Produkte stammen weitestgehend aus der Region. Die Sesam-Buns, die auch glutenfrei erhältlich sind, kommen aus der Hofbäckerei Fehmarn und aus der Bäckerei in Altenteil, das Rindfleisch aus der Fleischerei Burmester in Blekendorf, das Gallowayfleisch vom NABU Wallnau. Alle Saucen sind haus- und die Pommes – auch in der Quintings-eigenen Pom-Pom-Pommes-Version – handgemacht.

TIPP

Einmal bis zur Hafeneinfahrt bummeln und den Ausblick genießen.

Klassiker des Hauses ist der Quinting, bei dem zwischen drei verschiedenen Pattys gewählt werden kann: Rind- oder Gallowayfleisch sowie einer veganen Variante aus Karotten, Walnüssen, Haferflocken und Kidneybohnen. Auch beim Quintings Plus (plus Käse), All-In, Hafenmeister und Luigi hat man die Auswahl, bei weiteren Varianten wie dem Stehsegler, dem Beanie mit Mais und BBQ-Sauce oder dem Burger des Monats bleibt einem meist die Qual der Patty-Wahl erspart. Die monatlich wechselnden Spezialitäten sind wärmstens zu empfehlen – frische Erdbeeren, Balsamico und Kurkuma-Mayo, Kürbis und Feta zum Galloway oder Heidelbeer-Chutney mit würzigem Bergkäse, gerösteten Mandelsplittern und süßen Nektarinenspalten sind mit Sicherheit Zutaten auf einem Burger, die man nicht überall bekommt. Und köstlich sind sie allemal!

Dazu die einmalig gemütliche Hafenatmosphäre und das moderne, stylische Ambiente des Quintings, in dem ein junges Team mit einem Lächeln für gute Laune sorgt – einfach grandios! „Wir lieben gutes Essen und möchten, dass es dir schmeckt, denn das Leben ist zu kurz für schlechtes Essen“, sagt Inhaberin Sina Quinting. Wenn sich jetzt noch der Sonnenuntergang genauso perfekt in Szene setzt, ist dem nichts mehr hinzuzufügen.

● Quintings, Am Hafen 2, Orth, 23769 Fehmarn, Tel. (0 43 72) 8 06 51 10
www.quintings.de

COUNTER
QUINTINGS

Ruhe im Gewimmel

25 Durch die Ostertwiete in Burg

Es tut manchmal gut, dem Gewimmel etwas zu entfliehen. Und die Breite Straße in Burg kann an Schönwetter-Ferientagen durchaus mal ein bisschen rummelig sein. Da ist die kleine Passage Ostertwiete zwischen Breiter Straße und Osterstraße eine willkommene Alternative. Eine Twiete bezeichnet im Norddeutschen eine schmale Gasse oder einen Durchgang, meist zwischen Häusern – und so ist es auch hier in Burg. Ist man zwischen den ersten Häusern hindurch, wird es schlagartig ruhiger und schon setzt ein wenig Entspannung ein. Trotzdem kann das Bummeln weitergehen, denn hier gibt es einige sehr schöne kleine Läden, die man gefühlt um einiges gelassener gründlich in Augenschein nehmen kann. Stylische Surferklamotten und angesagte Modelabels wie die auf Fehmarn beheimatete Marke Van One, trendige Streetwear sowie Schuhe und Taschen, die man nicht in jedem Laden finden kann.

Für einen Bummel durch die Ostertwiete sollte man auf jeden Fall Zeit einplanen, denn das ein oder andere Stück wird man mit Sicherheit anprobieren wollen. Auch im Outlet kann nach Herzenslust gestöbert werden, hier kann man immer mal ein Schnäppchen machen. Wer der Nase nachgeht, landet in der kleinen Passage auf jeden Fall im Seifenladen. Im Sommer steht die Tür des kleinen Lädchens weit offen und lockt wohlriechende Kunden an – oder solche, die wohlriechend werden wollen.

Nicht dran vorbei kommt man am Laden mit Fair-Trade-Kunstgewerbe aus der ganzen Welt. So mancher fragt sich vielleicht im ersten Augenblick, ob es sich bei dem Laden mit dem großen Baum vor dem Haus, um den so farbenfroh dekoriert wurde, vielleicht um ein Café handelt. In bunten Holzschränken, die an Strandhäuschen erinnern, ist Porzellan untergebracht und unter dem Baum stehen mit Kissen ausstaffierte Stühle und eine Bank. Ein schönes Warteplätzchen, wenn Stöbernäschen, mit denen man unterwegs ist, sich ins Ladeninnere aufgemacht haben und man selbst noch ein bisschen die Ruhe der Ostertwiete genießen möchte.

● Ostertwiete, Passage zwischen Osterstraße und Breite Straße, Burg, 23769 Fehmarn

Fern- und Hingucker

26 Der Utkieker am Yachthafen

18 Meter über Normalhöhennull hoch mit mehr als 12.500 Schindeln aus heller Alaska-Zeder als äußerer Schutzhülle. Nicht rund, sondern oval, und alles in allem erscheint er fast schief. Asymmetrie at its best. 10 Meter tief reichen die Pfahlfundamente in die Erde, im Inneren Lärchenstützbalken gebogen wie der Turm selbst. Rund um die Uhr geöffnet und barrierefrei, denn neben den 72 Stufen führt auch ein Fahrstuhl nach oben. Der Utkieker ist ein Hingucker im wahrsten Sinne des Wortes – und das auch schon von unten.

Vier Jahre arbeitete der Architekt Hans-Christian Buhl mit seiner Partnerin an diesem Projekt, das für die beiden von Anfang an ein Landschaftsthema war. „Der Turm will Teil der Landschaft und kein künstliches Element sein. Er stellt keinen Kontrast zur Umgebung dar, sondern etwas, das mit der Landschaft arbeitet", betont Buhl. Eine perfekte Kombination aus Kreativität und Technik! Die luftige Bauweise des Turms sorgt für eine gute Entlüftung, was vor allem im Falle von Hochwasser, ebenso wie das Flutschott, unerlässlich ist.

Auf dem Weg die Treppe hinauf kann man immer wieder die Aussicht durch schmale Fenster genießen – ein „gerahmter Blick" auf die im Volksmund Kleiderbügel genannte Fehmarnsundbrücke und den Walk of Fehm. Oben angekommen, eröffnet sich dem Besucher dann ein fantastischer 360-Grad-Blick über Yachthafen, Burger Binnensee, Burgtiefe und die ikonischen Türme des Ferienzentrums am Südstrand, Burgstaaken, Wulfener Hals und natürlich über die Ostsee. Faszinierend, die hin- und herschaukelnden Boote im Hafen, die Menschen auf dem Walk of Fehm und die blau-grüne Ostsee, wie geschmückt mit den weißen Segeln der Boote, von oben zu betrachten. Spätestens jetzt geht wohl auch zumindest ein unauffälliger, etwas neidvoller Blick auf die Hausboote, die hier direkt vor Anker liegen. Aber auch hier oben hat man einen wundervollen Platz – vielleicht auch zum Sonnenuntergang. Abends wird der Utkieker beleuchtet – und wird wieder zum echten Hingucker.

TIPP

Nach einem langen Spaziergang entlang der Promenade ins Restaurant Strandlächeln einkehren.

● Utkieker, Am Yachthafen, Burgtiefe, 23769 Fehmarn

Ein Auge für Besonderes

27 Die Hofdiele in Petersdorf

Mitten in einem Wohngebiet in Petersdorf kann man bei Barbara Czoska auf Entdeckungsreise gehen und in Deko- und Geschenkartikeln stöbern. Sie hat ein gutes Händchen, wenn es um die Auswahl ihrer Produkte in der Hofdiele geht. Und das wird nicht gerade leichter, berichtet sie, die Auswahl wird immer größer. Gut, dass sie trotzdem einen kühlen Kopf bewahrt und weiterhin stilsicher ein gutes Auge für das Besondere beweist. Das rote Backsteinhaus mit der blauen Eingangstür und üppig dekorierter Fassade ist schon lange kein Geheimtipp mehr. Zu viel Schönes haben hier schon Feriengäste wie auch Einheimische entdeckt, als dass es sich nicht rumsprechen würde.

Draußen sind Gartenaccessoires im Dauerbrenner Rostschick wie Rosengitter, Rankstelen und Steckfiguren zu finden. Außerdem gibt es die nostalgisch angehauchten Pinienzapfen, Deko zum Aufhängen und ausgefallene Vogeltränken für den romantischen Touch im heimischen Garten.

TIPP

Fehmarn-Souvenirs findet man im Lieblingsinselshop in Petersdorf.

Im Inneren wird die Liebe zum Detail bei der Auswahl der Exponate noch mal deutlicher. Landhaus-Deko, wie sie aus angesagten Einrichtungsmagazinen entsprungen sein könnte. Der metallene Zwölfender an der Wand, Pilze aus Holz und Metall auf dem Fensterbrett. Drahtherzen mit Perlen geschmückt vor dem Fenster. Mit Stoffschleifen verzierte Lampenschirme, Geschirr und Krüge mit nostalgischen Rosenmotiven bemalt und farblich sorgfältig dazu abgestimmte Geschirrtücher und Servietten. Hier passt alles zusammen – trotz der Fülle an unterschiedlichen Produkten ist der Gesamteindruck absolut stimmig. Es macht Spaß, sich die sorgsam ausgewählten Dinge anzusehen – vielleicht hat man auch schon für das ein oder andere Stück den passenden Platz zu Hause im Kopf? Auch für den heimischen Tisch gibt es allerhand zu entdecken. Ob das Nostalgiegeschirr Münder Email in etlichen Farben, Nuvole-di-Stoffa-Geschirr, Kerzenleuchter oder die traumhaft mit üppigen Pfingstrosen bemalten Tabletts – immer spürt man die Sorgfalt und Liebe, mit der jedes einzelne Stück ausgewählt wurde.

● Hofdiele, Erlengrund 3 a, Petersdorf, 23769 Fehmarn, Tel. (0 43 72) 99 13 23

Jedermann liebt Tee

28

Im Café Jedermann in Burg

Teeliebhaber aufgepasst! Im schmucken kleinen Café Jedermann in Burg gibt es 16 verschiedene Sorten Tee – von Darjeeling bis Earl Grey, Rotbusch oder Assam, hier ist für jedermann das Richtige dabei. Aber auch der wunderbar nach Jasminblüten duftende „Morgentau", der „Tee-Vanille" mit Madagaskar-Vanille, „Omas Garten" mit Kräutern und Früchten, der exotische „Bora Bora" oder die Tee-Variante des bekannten Cocktails „Pina Colada" mit Ananas und Kokos stehen hier zur Auswahl und machen die Entscheidung nicht leichter. Leichter fällt die Entscheidung bei Sturm und Regen: Es empfehlen sich der „Wintertee" mit Orangenschalen und Mandelstücken oder der beliebte „Schietwettertee".

Aber auch, wer sich lieber an andere Getränke hält, ist in dem schon von außen heimelig anmutenden Café bestens aufgehoben. Der köstliche Duft nach hausgebackenen Kuchen und Torten tut sein Übriges, Gäste in das gemütliche Café zu locken. Hier kann in freundlicher Atmosphäre süßen Gelüsten gefrönt und so richtig geschlemmt werden. Neben den klassischen Café-Verführungen stehen auch andere Leckereien hoch im Kurs. Man kann sich gütlich tun an Milchreis wie in Kindertagen mit Zucker und Zimt und Kirschkompott oder leckere Pfannkuchen mit Apfelmus verschmausen – wer mag, bekommt auch heiß geliebte Blaubeerpfannkuchen. Es gibt warmen Apfelstrudel mit Vanillesauce, Apfelringe oder frische Waffeln mit Eis und Sahne, denen man nur sehr schwer widerstehen kann, hat die Nase sie erst mal aufgespürt. Im Sommer locken auch Eisbecher oder ein Sanfter Engel.

Aber auch, wem der Sinn eher nach Herzhaftem steht, wird hier nicht enttäuscht. Suppen und belegte Brötchen gibt es im Jedermann ebenfalls. Die schmecken besonders gut im gemütlichen kleinen Innenhof zum Bier vom Fass – einem echten Ruhepol inmitten der oft trubeligen Innenstadt von Burg. Mit Blumen und Pflanzen behaglich begrünt, wurde hier eine kleine Oase geschaffen, in der es sich vortrefflich vom Pflastertreten entspannen lässt.

TIPP

Von hier aus mittwochs über den Wochenmarkt schlendern.

● Café Jedermann, Ohrtstraße 25, Burg, 23769 Fehmarn, Tel. (0 43 71) 14 11

Cafe Jedermann
25
16 Sorten
Blatt
TEE
Café
Jedermann
GEÖFFNET

Op Borchstaken

29 Im Hafen Burgstaaken

Über holpriges Kopfsteinpflaster geht es auf dem Staakensweg eine nahezu schnurgerade Straße entlang von Burg nach Burgstaaken. Die Straße ist besonders, denn sie ist komplett aus Steinen aus der Ostsee gebaut worden. Das Durchgeschütteltwerden lohnt sich aber auf jeden Fall, denn der Hafen Burgstaaken ist einen Besuch wert. Wer allerdings aufgrund der Anfahrt pittoreske Hafenidylle erwartet, wird enttäuscht sein. Burgstaaken ist ein lebendiger Hafen, hier wird gearbeitet: große und kleine Fischerboote, die hier ihren Fang anlanden und teilweise gleich am Steg frisch von Bord verkaufen. Kutter, die Gäste mit auf große Ostseetour nehmen und ihnen die Bewohner des Meeres näherbringen, oder die Schiffe, die ihre Gäste zum Hochseeangeln mitnehmen. Silos, Hallen, aber eben auch Restaurants und Cafés, die im Sommer beste Plätze mit Blick auf die bunten Boote, rot beflaggten Stangen, Netze und Fischkisten bieten.

TIPP

Nur für Schwindelfreie: Silo Climbing ausprobieren!

Bei Sonnenschein und entsprechenden Temperaturen kann es hier richtig quirlig werden – der riesige Parkplatz zeugt davon! Bei Fischbrötchenstand, Karussell und Pommesbude kommt ein wenig Rummel-Feeling auf. Alle zwei Jahre herrscht beim Hafenfest und dem beliebten Kutterrennen in Burgstaaken Hochbetrieb. Kieler Woche ist nichts dagegen! Wer das umgehen will, kommt am besten in der Nebensaison in den Hafen Burgstaaken und genießt die tatsächlich einzigartige Atmosphäre dieses erstmals 1778 als kleiner Bootshafen „op Borchstaken" erwähnten Hafens, in dem es – neben den im harten Winterlicht wahrlich fantastischen Fotomotiven – viele Spuren der Geschichte zu entdecken gibt. Von hier starteten Dampfschiffe im Liniendienst nach Kiel und Lübeck. Hier war es auch, wo bis Ende 1998 Butterfahrten in See stachen und dem kleinen Hafen mächtigen Aufschwung bescherten. Die an einigen Stellen noch vorhandenen alten Eisenbahnschienen erzählen noch die Geschichte des Hafens, als hier der Güterumschlag an erster Stelle stand. Es gibt also viel zu entdecken – ob im Trubel oder zu eher ruhigeren Zeiten. Hier findet jeder seinen Glücksort.

● Hafen Burgstaaken, 23769 Fehmarn

BUR 6

Steinfischer und Monarchen

30

Im Fehmarn-Museum in Burg

Wer mehr über die Geschichte der Insel erfahren möchte, darf das Fehmarn-Museum in Burg nicht verpassen. Untergebracht in drei miteinander verbundenen Häusern, zeigt es in 23 kleinen Räumen eine interessante Ansammlung zahlreicher Exponate der Regionalgeschichte. Auch das gut erhaltene Fachwerkhaus gleich neben der St.-Nikolai-Kirche gehört zum Museum und zeigt einen Querschnitt durch die Geschichte Fehmarns, der sich auch mit Kuriosa beschäftigt. Von Steinzeitfunden bis zu Schiffsmodellen, von historischen Handwerksgeräten bis zur guten Stube eines wohlhabenden Insulaners. Die Gebäude sind so alt, dass man etwas aufpassen muss, um sich an den niedrigen Deckenbalken nicht den Kopf zu stoßen.

In der Aberglauben-Kammer erfahren Besucher beispielsweise von Steinen, denen magische Kräfte nachgesagt werden, und Drähten, die in Kinderkleidung eingenäht wurden. Es wird erzählt von den Fehmaraner Steinfischern, die in Ermangelung eines Steinbruchs auf der Insel mit Flachbooten in Küstennähe lose Stein als dringend benötigtes Baumaterial aufsammelten.

Durch Glas geschützte alte Dokumente berichten von Wanderarbeitern, die Bauern gegen Lohn und Brot ihre Arbeitskraft anboten und sich selbst Monarchen nannten. Mitunter waren das um die 2000 Arbeiter, die durch ihr rüpelhaftes Benehmen und ihren rauen Umgang auffielen – sie wurden zwar dringend gebraucht, waren aber unbeliebt. Am Ende der Erntezeit erhielten sie oft erst ihren Lohn, wenn der Bauer, bei dem sie zuletzt gearbeitet hatten, sie mit dem Boot wieder auf dem Festland abgesetzt hatte. Die Monarchen aber hatten ein ganz eigenes Kommunikationssystem. An Bäumen, Türen, Ställen brachten sie unauffällige Zeichen an, um sich gegenseitig vor den jeweiligen Bauern zu warnen oder eben ihm eine „Empfehlung" auszusprechen. Quasi die Google-Bewertung vergangener Tage. Was das Museum angeht, auf jeden Fall eine gute. Ein Trip in die Geschichte der Insel lohnt sich auf jeden Fall.

● Fehmarn-Museum, Breite Straße 49, Burg, 23769 Fehmarn

100 Jahre
1897-1997
Fehmarn-Museum

Ein Plätzchen unter Bäumen

31 Im Café Die Villa in Orth

In Orth leben rund 60 Menschen, das Dorf ist also sehr klein und geprägt vom viel zu groß erscheinenden Hafen. Hier lässt man am besten sein Auto am Ortseingang auf dem ausgewiesenen Parkplatz stehen und macht sich zu Fuß auf den Weg, diese kleine Perle im Südwesten der Insel zu erkunden. Linker Hand geht es auf Kopfsteinpflaster über das Hafengelände, vorbei am großen Speicher und dem Hafenkontorhäuschen aus dem Jahr 1875. Und natürlich führt der Weg auch entlang der vielen Segel- und Sportboote, die hier im Hafen festgemacht haben.

Fast am Ende der knapp 200 Meter langen Hafenpromenade stehen Walnussbäume vor einer in die Jahre gekommenen Villa. Und bei genauerem Hinsehen wird man im Schatten der Bäume Liegestühle, Sofas, Stehlampen, Holzkisten, die zu kleinen Tischen umfunktioniert wurden, sowie Tische und Stühle entdecken. In den Bäumen hängen mit Blumengirlanden geschmückte alte Vogelbauer – hier ist es wirklich besonders schön!

Viele Gäste haben sich bereits auf den gemütlichen Plätzen niedergelassen, genießen schon den besten Kaffee der Insel – so heißt es zumindest. Eine grandiose Atmosphäre – es lohnt sich, auf einen Platz zu lauern. Hat man dann das Glück und bekommt einen Platz, wird an einem Fenster der Villa bestellt, am nächsten kann man auf seine Bestellung warten oder, hat man einen Pieper mitbekommen, sein Essen dort abholen, sobald der kleine Buzzer einen Laut gibt.

Wunderschön, hier lauschig unter den Bäumen direkt im Hafen zu sitzen und es sich gut gehen zu lassen. Kuchen, Torten, aber auch Flammkuchen und Pizza in verschiedenen Varianten stehen zur Auswahl. Auch wenn einem nur der Sinn nach einem kühlen Getränk oder einem leckeren Softeis mit Krokant oder bunten Streuseln steht, ist Die Villa im Hafen von Orth die perfekte Wahl. Den vorbeifahrenden Schiffen und Booten zusehen und die vorbeischlendernden Menschen beobachten, die manchmal ein klein wenig anerkennend auf den eigenen, herrlich lauschigen Platz schielen. Einfach grandios!

● Café Die Villa, Am Hafen 4, Orth, 23769 Fehmarn

Café
CAFÉ DIE VILLA
AUSGABE

Stöpsel und Leuchtturm

32 Am Westermarkelsdorfer Strand

„Wenn man den Stöpsel zieht, dann läuft die Ostsee leer – genau wie in einer Badewanne.“ So oder so ähnlich wird vor allem Kindern gerne geantwortet, wenn sie sich nach dem „Ostseestöpsel“ vor dem Strand von Westermarkelsdorf erkundigen. Aber was hat es eigentlich mit diesem Gebilde auf sich, das da kurz vor dem schönen, bei Surfern, Kitern und auch Anglern beliebten Naturstrand schräg im Wasser liegt?

Der „schiefe Turm von Westermarkelsdorf“, wie der Stöpsel gerne genannt wird, ist ein Messpegel, der 1935 errichtet wurde und zwei Funktionen hatte. Zum einen sollte er tatsächlich Wasserstände messen – mehrere schwere Sturmfluten und Hochwasserstände machten das unabdingbar. Zum anderen diente er aber auch mit seinem oben montierten Licht als Warnleuchte. Immer wieder war es nämlich zu Strandungen gekommen, da Schiffe vor Westermarkelsdorf bei schlechten Sichtverhältnissen den Leuchtturm mit dem Feuerschiff Fehmarnbelt verwechselt hatten, das ein ganzes Stück weiter nördlich lag. Natürlich stand der vier Meter im Meeresgrund verankerte Dalben samt Pegel anfangs senkrecht im Wasser – allerdings nur sieben Jahre. Dann wurde ihm der Eiswinter zum Verhängnis und mächtige Eisschollen brachten den Pegel in die Schieflage, in der er sich auch heute noch befindet.

Wer von hier aus noch eine kleine Tour entlang der Küste unternehmen will, kann dem nur einen knappen Kilometer entfernt stehenden alten wie auch mittlerweile dem in unmittelbarer Nähe errichteten neuen Leuchtturm von Westermarkelsdorf einen Besuch abstatten. Zumindest von außen, denn er kann leider nicht besichtigt werden. Der älteste Leuchtturm der Insel, 1881 errichtet und gute 20 Jahre später um knapp 8 Meter erhöht, ist mit seiner auffälligen roten Laterne ein echter Postkarten-Klassiker. Der Weg dorthin führt über den Deich und ehe man sichs versieht, findet man sich in einer Herde Schafe wieder, die neugierig schauen, wer da in ihr „Wohnzimmer“ gekommen ist. Ein herrliches Fleckchen mit vielen Geschichten, grandiosen Aussichten und ganz viel Natur.

● Westermarkelsdorfer Strand, 23769 Fehmarn

Actionreiche Leidenschaft

33 Wakepark Fehmarn in Wulfen

„Hier geht ihr als Wakeboarder nach Hause." Dieses Versprechen geben Kris und Stefan, die Inhaber des Wakeparks in Wulfen, bezüglich des zweistündigen Einsteigerkurses, in dem Grundlagen vermittelt werden und es definiertes Ziel ist, dass jeder Teilnehmer eine erste Strecke, erste Kurve und vielleicht sogar erste Runde auf dem Board meistert. Und wer sowieso schon immer mal diese Trendsportart ausprobieren wollte, für den ist der Wakepark the place to be.

Als leidenschaftliche Wassersportler und Wakeboarder haben sich Stefan und Kris mit diesem Park einen Traum verwirklicht. Sie wissen ganz genau, worauf es ankommt, und lieben es, ihre Leidenschaft fürs Wakeboarden zu teilen. Einsteigern möchten sie möglichst einfach und nachhaltig ihren Sport vermitteln und Fortgeschrittenen dabei helfen, sich weiterzuentwickeln und den ein oder anderen Trick zu lernen. Drei Bahnen stehen dafür zur Verfügung, vom Anfänger bis zum Profi wurde an jeden gedacht.

Und apropos an alle gedacht: Für alle, die sich erst mal von Land aus an den coolen Tricks sattsehen wollen, gibt es ein Plätzchen auf der schönen Terrasse. Mit Glück kann man auch dem ein oder anderen Wakeboard-Profi zusehen. Und damit man dabei weder von Durst noch von Magenknurren abgelenkt wird, stimmt auch das kulinarische Angebot. Die mittlerweile über die Grenzen der Insel hinaus bekannten Fancy Fries sind ein absolutes Muss für jeden Besucher des Parks. Ob im Guacamole-Style mit Avocado-Creme, roten Zwiebeln, Kirschtomaten, geröstetem Sesam, schwarzem Pfeffer und Limette oder in der Kahuna-Hawaii-Version mit Mango-Mayonnaise, Ananas, Cheddar, Kirschtomaten, Sauce hollandaise, Lauchzwiebeln und Chiliflocken – die Pommes hier sind wirklich einzigartig! Trüffel-Mayonnaise, Crunchy-Peanut-Mayo mit Wasabi-Sauce oder Käse-Chili-Sauce mit Jalapeños – kulinarischer Experimentierfreude sind kaum Grenzen gesetzt. Ein Tag im Wakepark ist ein Tag voller Nervenkitzel, sportlicher Highlights und neuer Erfahrungen – auch kulinarisch.

TIPP

Weniger Action gewünscht? Dann ist die nahe gelegene Golfschule das Richtige.

● Wakepark Fehmarn, Wulfener Hals Weg 50, Wulfen, 23769 Fehmarn

Wilde Schönheit

34

Wanderung im Südosten Fehmarns

Wer sich eine Auszeit vom Trubel der Insel gönnen möchte und sich nach etwas Ruhe sehnt, ist auf einer kleinen Wanderung im Südosten Fehmarns gut aufgehoben. Die teils quirlige Betriebsamkeit der Strandpromenade auf Höhe der mächtigen IFA-Hochhäuser am Südstrand ist bald vergessen. Vorbei an einer ganzen Parade von Strandkörben und über einen Holzbohlenweg entlang des Sahrensdorfer Binnensees verblasst Schritt für Schritt die grelle Ruhelosigkeit von Fehmarns beliebtestem Strandabschnitt. Der Weg führt weiter vorbei an Ferienhäusern und dem Campingplatz und weiter auf einem kleineren Trampelpfad. Hier kann man sich etwas Zeit nehmen und den Blick schweifen lassen. Die Ostsee mit ihren ständig wechselnden Gesichtern – von blau glitzernd fröhlich bis stürmisch grau und unleidlich – auf der einen, Weitblick über Felder auf der anderen Seite. Ein herrliches Fleckchen Insel, das man mit nur wenigen anderen Menschen teilen muss, denn hierher will man sich zu Fuß aufmachen.

TIPP

Auf Gut Staberhof die alte Scheune von Ernst Ludwig Kirchners bekanntem Gemälde entdecken.

Nach rund 7 Kilometern erreicht man den Leuchtturm, der allerdings nur aus der Ferne bewundert werden kann. Die imposante Küstenlandschaft entschädigt aber mehr als genug dafür, denn hier geht die seichte Küste mit den von Findlingen übersäten Strandabschnitten über in eine schroffe, wildromantische Steilküste. Eigentlich kann man sich gar nicht sattsehen und die Winkel, aus denen sich das nächste Foto, die nächste Skizze auf Zeichenpapier oder die weitere Erinnerung auf der kopfeigenen Festplatte anbietet, sind zahllos. Zeit und Muße, vielleicht ein Kaffee aus der mitgebrachten Thermoskanne und ein offener Blick für die Schönheit dieser Landschaft sind nach vollbrachter Pflicht-Wanderung hier die Kür.

Nach der wohlverdienten Pause kann man der Steilküste nach Norden folgen und über Staberdorf – teilweise entlang der Straße – zurück zum Südstrand wandern. Oder man macht sich einfach wieder in entgegengesetzter Richtung auf entlang dieser zauberhaften Küste und lässt die Aufgeregtheit der Strandpromenade wieder ganz langsam auf sich zukommen.

● Wanderung im Südosten, Startpunkt Promenade Südstrand, Burgtiefe, 23769 Fehmarn

Knallbunte gute Laune

35 Die kleine Stube in Burg

Gute Laune garantiert! Am Eingang zum Laden Die kleine Stube im Badstaven werden Besuchern „Wohnbehagen & Geschenke" angekündigt, was aber nur einen Bruchteil dessen umschreibt, was einen wirklich erwartet. Denn hier betritt man ein wahres Meer aus Farben, ansteckender Fröhlichkeit und purer Lebensfreude. Von der Inhaberin selbst restaurierte Möbel dienen als Ausstellungsfläche für knallbuntes Geschirr, Taschen, Decken und Kissen – Wohnaccessoires, von denen man vielleicht beim Hineingehen noch nicht wusste, dass man sie braucht, nun aber klar ist, dass man die kleine Stube nicht wieder ohne das ein oder andere Stück verlassen wird. Becher, Teller, Schalen und Besteck, in kunterbunt oder knallig einfarbig, haben ihren Platz gefunden auf liebevoll restaurierten Möbelstücken und ein paar neueren, farblich geradezu zurückhaltenden Regalen. Auch Tischdecken, Papierwaren und Stempel, Servietten, Bilder und Kerzenhalter gilt es im Laden zu bestaunen und einige der bedruckten Geschirrtücher sind so schön, dass viele der Kunden sie zum Ansehen an die Wand hängen, erzählt die Besitzerin lächelnd. Hier herumzustöbern ist wie ein farbenprächtiger Traum, der ein Lächeln ins Gesicht zaubert. Die bunt gemusterten Tapeten an den Wänden, die sorgsam ausgewählte Fensterdeko mit Kränzen aus Draht und bunten Perlen, der türkisblaue Kronleuchter unter der Decke und die zauberhaft freundliche Atmosphäre im Laden tun das Weitere, um Glücksgefühle aufkommen zu lassen. Skandinavische Leichtigkeit in Bunt könnte man es nennen, denn viele der Artikel stammen aus Dänemark – sogar einige der gebrauchten Möbelstücke. Marken wie Rice, Ib Laursen, Greengate oder Krasilnikoff sind aus dänischem Wohnbehagen kaum mehr wegzudenken. Mit ihrer stilsicheren Einrichtung und der detailverliebten Auswahl ihrer Produkte hat die Inhaberin Katharina Maaß einen Wohlfühlort geschaffen, an dem man sich kaum sattsehen kann – wie ein eigenes kleines Universum, das einfach fröhlich macht.

TIPP

Die Tour „Auf Kirchners Spuren" durch Burg führt auch durch den Badstaven. Infotafel entdeckt?

● Die kleine Stube, Süderstraße 20, Burg, 23769 Fehmarn, Tel. (0 43 71) 43 41
www.die-kleine-stube.de

rice

Liebling Hoftorte

36

Im Hofcafé Klausdorf

Stachelbeer-Baiser, fehmarnsche Nuss-, Schoko-Sahne-Himbeer-, Himmelstorte auf der einen, Kirsch-Joghurt-, Pfirsich-Maracuja-, Sanddorn-Sahne- oder Trümmertorte auf der anderen Seite. Nicht zu vergessen die Gartentorte Ilse mit Erdbeer, Rhabarber und Baiser. Wer soll da eine Entscheidung treffen? Denn die leckeren Blechkuchen wie Mohn-Käse, Apfel-Streusel, gedeckter Apfelkuchen, gefüllter Streuselkuchen, Pflaumenkuchen oder friesischer Streuselkuchen kommen auch noch hinzu!

Das Hofcafé Klausdorf ist ein wahres Schlaraffenland für Kuchenliebhaber und Naschkatzen. Auf der großen Gartenterrasse oder auf einem der 70 Plätze im Inneren kann man hier seinen süß-sahnigen Gelüsten nachgehen und den vorher womöglich durch Radtour oder Wanderung heruntergewirtschafteten Kalorienspiegel wieder ordentlich auffüllen. Besonderen Anklang findet in Klausdorf die Hoftorte nach Art des Hauses: köstliche Mohn-Sahne vereint mit Kirschen und Schokomarzipan. Alle Torten und Kuchen stammen selbstverständlich aus der eigenen Backstube und werden täglich frisch auf die Tortenteller gezaubert. Es ist herrlich entspannend in dieser ländlichen Atmosphäre und Kinder lieben es, hier auf dem hofeigenen Spielplatz herumzutollen oder sich um die Ziegen und Kaninchen im kleinen Streichelzoo zu kümmern.

Im Hofcafé kann auch sehr stattlich gefrühstückt werden. Frische Brötchen und duftende Croissants, hausgemachte Fruchtaufstriche, Frühstückseier von frei laufenden Hühnern, Obstsalat, verschiedene Müslisorten, Käse, verschiedene Salate, geräucherter Lachs und Matjes und Schinkenspezialitäten aus eigener Schweinezucht, dazu Kaffee, Tee oder Kakao, Saft und Wasser – wer bei diesem Angebot hungrig den Tag beginnt, ist selber schuld. Im Hofladen können regionale und hofeigene Spezialitäten erstanden werden. So manch einer bekommt vielleicht nach einem ordentlichen Stück Torte Lust auf ein deftiges Wurstbrot – und auch diesen Wunsch kann das tolle Team vom Hofcafé erfüllen.

TIPP

Von Klausdorf aus zum Parkplatz am Meer laufen und sich zu einem Strandspaziergang aufmachen.

● Hofcafé Klausdorf, Dorfstraße 30, Klausdorf, 23769 Fehmarn, Tel. (0 43 71) 87 97 84, www.hofcafe-klausdorf.de

Nimm mich mit, Kapitän …

37

Auf der Hafenmole Puttgarden

Schiffe gucken kann man auf Fehmarn vielerorts. Segelschiffe und Sportboote, Ausflugsschiffe und Fischerboote, Fähren, Militärschiffe und große Containerfrachter am Horizont. Nirgendwo aber kommt man den Schiffen so nah wie auf der Hafenmole in Puttgarden. Auf Findlingen errichtet, ragen die beiden Molen weit ins Meer hinein und die großen Scandlines-Fähren, die hier im Halbstunden-Takt nach Rødby auf Lolland ablegen, erscheinen zum Greifen nah.

Eigentlich sind hier immer einige Schaulustige unterwegs, winken den Fähren beim Ein- oder Auslaufen aus dem Hafen zu und staunen vielleicht über das relativ leise Dahingleiten des Kolosses über das Meer. 2013 verließ hier die erste Hybridfähre den Hafen und mittlerweile unterhält Scandlines die größte Hybridflotte der Welt – wichtiger Schritt nicht nur auf der grünen Agenda des Konzerns, sondern auch auf leisen Sohlen unterwegs und damit unverzichtbar für den Schutz der Meere. Nimm mich mit, Kapitän, auf die Reise … Da kommt Fernweh auf. Jetzt auf Deck stehen, umgeben vom blauen Meer, in welche Richtung auch immer man schaut, und sich den Wind um die Nase wehen lassen.

Aber zurück zu den Tatsachen, denn apropos Wind: Hier auf der Hafenmole in Puttgarden weht oft ein ganz schönes Lüftchen und nicht wenige Besucher des Molenkopfes haben schon ein unfreiwilliges Duschbad nehmen müssen, wenn bei stärkerem Sturm und Seegang die Wellen über die Kaimauer brechen. Aber genau das macht für einige auch den besonderen Reiz aus, denn von hier lassen sich nicht nur die beeindruckenden Fähren außergewöhnlich gut ablichten. Auch eine besondere Ansicht der Ostsee – egal ob spiegelglatt und in der Sonne glitzernd oder grau und aufgewühlt – kann man von hier aus hervorragend für die Ewigkeit festhalten. Ausnahmsweise sollte man hier auch mal einen Blick zurück wagen – aus dieser Perspektive auf die Insel zu schauen, ist ungewöhnlich und gibt vielleicht den ein oder anderen ganz neuen Einblick. Unbedingt ausprobieren!

TIPP

Unweit der Mole markiert ein Holzmönch die Wegkreuzung von Mönchsweg und Via Scandinavica.

● Hafenmole Puttgarden, Fährhafenstraße, Puttgarden, 23769 Fehmarn

Vom Feld in die Flasche

38 Die Fehmarn Destillerie in Johannisberg

Alles begann mit einer Idee. Vater, Sohn und Onkel – einer mit viel Erfahrung im Bereich der Maische-Produktion, ein Chemiker mit umfangreichem Wissen, was Destillation angeht, und ein Landwirt, der auf der Insel mit rund 2200 Sonnenstunden pro Jahr im milden Ostseeklima beste Rohstoffe produziert – wollten ein Hof-Projekt starten. Der Hof, den sie gemeinsam mit ihren Familien bewohnen, liegt im Norden Fehmarns in Johannisberg und ist bereits im Besitz der Familie, seit ein Vorfahre eines seiner Holzschiffe abgetakelt und die heute noch existierende Scheune errichtet hat. Den Hof wollten die drei mit einem weiteren Standbein zukunftsfähiger aufstellen und entschlossen sich dazu, eine Destillerie zu gründen.
Schnell wurde Hauke, Ludwig und Reinhard klar, dass bei diesem Vorhaben die Zuckerrübe als Erstes eine Hauptrolle spielen würde. Die robuste Blattfrucht ist auf den weitläufigen landwirtschaftlichen Flächen von Johannisberg geradezu unverzichtbar, denn sie lockert nicht nur die geregelte Abfolge der Pflanzenkulturen auf, sondern fördert gleichermaßen fruchtbare Böden und Biodiversität. Warum also nicht der Zuckerrübe die ersten Produkte einer neuen Destillerie widmen? Gedacht, getan! Die Entwicklung einer Rezeptur sowie die Herausfilterung des erdigen Geschmacks der Zuckerrübe stellte die drei Zuckerrüben-Edelbrand-Wegbereiter dabei allerdings vor einige Herausforderungen. Testbrände verhießen jedoch nur Gutes – zum Glück! Denn so kann man heute in den Genuss dieses unverwechselbaren Geschmacks kommen.
Der klare „Feldler rööv“ ist ein milder, ausgewogener Schnaps, der mit seiner fruchtigen Note an einen Obstler erinnert, wohingegen der in heimischen Eichenfässern gelagerte „Feldler rööv“ Anklänge an einen Rum hat. Als Absacker oder in Cocktails ein echter Genuss mit Wow-Effekt! Weitere Edelbrände aus allem Guten, das auf den Feldern wächst – daher übrigens der Name Feldler –, werden folgen. Regional und nachhaltig – vom Feld in die Flasche. Mehr Fehmarn geht nicht.

● Fehmarn Destillerie, Johannisberg 4, Johannisberg, 23769 Fehmarn
www.fehmarn-destillerie.de

EIN SCHLUCK FEHMARN
FEHMARN DISTILLERIE
FELDLER
rööv
ZUCKERRÜBENBRAND
38% VOL.
KLAR
700 ML

Dufter gelber Knust

39

Die Rapsblüte auf Fehmarn

Dieser Anblick ist einfach faszinierend. Zahllose Bilder und Fotos dieses Motivs zieren Plakate, Buchdeckel, Kalender, Postkarten und heimische Wände. Als könne man sich niemals daran sattsehen – und vermutlich kann man das auch wirklich nicht. Alle Jahre wieder ist die Rapsblüte wie ein kleines Wunder der Natur. Das knallige Gelb grenzt sich scharf ab zum tiefblauen Meer und dem Azur des Himmels. Fehmarnsches Color Blocking, das Jahr für Jahr immer wieder aufs Neue begeistert. Doch der leuchtend gelbe Raps, dessen Farbe Assoziationen von Sonne, Sommer, Wohlbefinden, Lebensfreude hervorruft und als Signalfarbe unsere Aufmerksamkeit erregt, sticht nicht nur durch die Farbgebung hervor. Zur Zeit der Rapsblüte ist fast die gesamte Insel in diesen intensiven süßen Blütenduft gehüllt, den man tatsächlich nicht mehr so schnell vergisst. Als würde die Nase ausgekleidet mit der angenehm schweren Rapssüße und sich nur sehr langsam wieder verflüchtigen. Der Knust, wie Fehmarn manchmal genannt wird, ist gelb – und das ist auf der Insel ein Grund zu feiern. Dann wird Petersdorf mit seinem idyllischen Dorfteich zum Nabel der Inselwelt. Musik, die obligatorischen Stände fürs leibliche Wohl, Unterhaltung, ein Festumzug und die Wahl der Rapskönigin füllen nun schon seit über 30 Jahren die drei Tage Mitte Mai – auch wenn die Natur nicht immer hundertprozentig mitspielt und die Hochzeit der Rapsblüte vielleicht auch schon mal vorbei oder noch nicht abzusehen ist. Alles dreht sich auf dem Rapsblütenfest um die gelbe Schönheit.

TIPP
Ein Rapskissen aus Petersdorf für zu Hause mitnehmen.

Und auch kulinarisch ist Raps von Fehmarn kaum wegzudenken. Vor allem der Rapshonig, von dem bis zu 200.000 Gläser von den circa 20 ansässigen Imkern – zuzüglich diverser Wanderimker im Sommer – gewonnen werden. Mild, cremig und mit seiner weißen, an Elfenbein erinnernden Farbe ist der Rapshonig von Fehmarn purer Genuss. Es lohnt sich ebenfalls, das Rapsöl, Rapshonigbrot oder – für Experimentierfreudige – die Rapswurst zu probieren. Aber vor allem sollte man einmal die Rapsblüte hier auf Fehmarn erleben – betörend für alle Sinne und abgespeichert auf der Festplatte der Glücksmomente.

- Rapsblüte, überall auf der Insel
- Rapsblütenfest, Dorfteich, Petersdorf, 23769 Fehmarn
www.fehmarn-rapsbluetenfest.de

Bauer Holger gibt Gas

40

Die Büdl'farm in Sahrensdorf

Kinderlachen auf dem Spielplatz, tierisches und menschliches Herumgegacker im Kleintiergehege, Konzentration bei Anfängern auf dem Rücken der Pferde und ernsthafte Regeldiskussionen unter Teenagern auf dem Bolzplatz. Ein Tag auf der Büdl'farm von Holger und Tanja Wilder ist ein Glückstag für jeden – ob Groß oder Klein –, denn hier wird Gemeinschaft großgeschrieben. Kinder können sich nach Herzenslust austoben, sich im hofeigenen Fuhrpark bedienen und mit Laufrad, Kettcar oder Dreirad über den Hof flitzen oder bei einem der vielen Angebote des Hofprogramms durchstarten. Ponyreiten, Ausritte sowie Einzelunterricht stehen auf dem Programm. Mit den gutmütigen Ponys des Hofs geht es gemeinsam an den Strand oder an einem der vielen Feldwege der Umgebung entlang. Ein großer Spaß für alle Pferde-Fans! Außerdem steht die tägliche Tierfütterung an, bei der immer auch interessantes Wissen über die Tiere kindgerecht vermittelt wird und Streicheln und Füttern ausdrücklich erwünscht sind. Es gibt Alpaka-Schnupperstunden, gemeinsames Pizzabacken für die Kids und eine Hofrallye. Absolutes Highlight und Muss, wenn man auf dem Hof ist, ist die Treckerfahrt mit Bauer Holger. Es geht über Hof und Felder und immer wieder kommt es vor, dass sich danach der Berufswunsch vom Astronauten zum Bauern wandelt. Auch ein Ponyführerschein kann hier gemacht werden, es gibt also jede Menge zu tun für das junge Gemüse.

Und die Erwachsenen? Die haben Freizeit! Können entspannt auf der Terrasse sitzen, ihren glücklichen Kindern beim Spielen zusehen (wenn sie denn in Sichtweite sind), den Luxus der Wohlfühlhütten des Hofs genießen, Radtouren unternehmen – auch für Räder ist hier gesorgt – oder bei den einmal wöchentlich stattfindenden Grillabenden dabei sein. Rund ums Lagerfeuer klönt man sich schon mal ein bisschen fest, neue Freunde finden nicht ausgeschlossen. Bauer Holger und sein Team sind hier wirklich mit Herzblut dabei. Das spürt man sofort und das sieht man sofort – an den strahlenden Augen der Gäste.

TIPP

Das Reitprogramm wird auch für externe Besucher angeboten.

● Büdl'farm, Sahrensdorf 12, Sahrensdorf, 23769 Fehmarn, Tel. (0 43 71) 31 58
www.buedlfarm.de

Reise in die Vergangenheit

41 Am Großsteingrab Alversteen bei Strukkamp

Dem irrigen Glauben, nur Hünen könnten in der Lage gewesen sein, die tonnenschweren Steine zu transportieren und zu verbauen, liegt der Name der Konstruktionen zugrunde, die heute allgemeinhin als Hünengrab bezeichnet werden. Auf Fehmarn sind nur wenige dieser steinernen Zeugen der Vergangenheit erhalten – obwohl die Insel einst geradezu übersät war mit Gräbern aus der Stein-, Bronze- und Eisenzeit. Aber Steine als Baumaterial waren auf Fehmarn rar und so fielen die meisten Bauten Plünderungen zum Opfer oder wurden beseitigt, weil sie beim Bewirtschaften der Äcker im Wege waren.

Nordwestlich von Katharinenhof liegt versteckt im Unterholz inmitten eines großen Feldes und leider nicht zugänglich die Vitzdorfer Steinkiste, die der Legende nach bei dem Überfall der Dänen im Jahr 1420 Zufluchtsort für einen der drei Überlebenden auf Fehmarn gewesen sein soll.

Gut zu erreichen hingegen ist der Alversteen, der auf einer leichten Anhöhe in der Nähe des Strandes von Strukkamp liegt. Von Bäumen und Sträuchern umgeben, wirkt der Dolmen aus der Jungsteinzeit fast ein wenig mystisch. Vier Trägersteine und ein Deckstein bilden den Alversteen. Der Erdhügel, der das Ganze einst bedeckte, wurde längst abgetragen. In der ersten Hälfte des 19. Jahrhunderts diente der Stein, da es damals hier keine Bäume gab, die Küste sehr flach ist und der Alversteen etwas erhöht liegt, Seefahrern und Fischern als Landmarke bei der Einfahrt in den Fehmarnsund. Die Seiten der Steine, die Richtung See zeigten, wurden geweißt und der Deckstein regelmäßig mit einem weißen Kreuz versehen, um den Alversteen noch weiter zu exponieren. Aufgrund seiner Funktion durfte er nicht beschädigt werden – was für ein Glück, denn so blieb er relativ unversehrt erhalten. Auch als er nach der Errichtung des Leuchtturms von Strukkamphuk im Jahr 1896 seine Aufgabe verlor. 1979 wurde er unter Denkmalschutz gestellt und erfreut heute alle Besucher, die es mögen, auf den Pfaden einer geheimnisvollen Vergangenheit zu wandeln.

● Alversteen, westlich von Strukkamp, südliche Zufahrtsstraße Gold, 23769 Fehmarn

Hang Loose auf Fehmarn

42

Die 360 Grad Bar am Südstrand

Im Liegestuhl entspannen mit Blick auf das Meer und dabei einen Ipanema oder eine Stachel Berry Bio-Schorle schlürfen. Die Sonne spiegelt sich auf der Wasseroberfläche – bis zum Horizont funkelt und leuchtet das Meer, nur durchbrochen von zaghaften Brandungswellen. Oder sich einen Platz in einer der Hängematten sichern und nicht nur die Seele baumeln lassen – einfach mal abschalten. Wo könnte man das besser als hier direkt am Strand, wo man die Füße im feinen weißen Sand vergraben kann und nur wenige Meter die lässigen Sitz- und Liegeplätze von der glitzernden Ostsee trennen? Höchstens vielleicht auf der großen Dachterrasse – zumindest ist dies für alle, die nicht nur den Durch-, sondern auch einen Rundumblick haben wollen, ein idealer Platz für eine kurze oder auch längere Pause.

TIPP

Bester Platz auch bei Wassersport-festivals, die in unmittelbarer Nähe statt-finden.

Mit frischer Meeresbrise um die Nase kann man in der 360 Grad Bar am Südstrand so richtig runterkommen. Und bei so viel Entspannung darf man auch die Flüssigkeitszufuhr nicht vernachlässigen – und dafür ist hier reichlich gesorgt: Wer die Wahl hat … Von Limo und Säften über Tee, heiße Schoko und Kaffee in allen Variationen bis hin zu Bier, Wein, alkoholfreien Cocktails à la Sportsman und Strawberry Colada und natürlich den Klassikern für den Abend wie Cuba Libre, Lillet, Gin Tonic, Hugo und Zombie, Swimming Pool und Sex on the Beach. Die Bar bietet die perfekte, coole Beachbase für jedermanns persönlichen Hang-Loose-Moment. Grandios! Mit ihrem Slogan „Chillen, feiern, Freunde treffen“ trifft die Bar also mehr als ins Schwarze. Für Hochgefühle beim Feiern sorgen in der Hochsaison die mittlerweile schon fast legendären Music Mondays, an denen jeweils am frühen Abend zum fabelhaften Strandflair Livemusik für Beach Vibes sorgt. Pop, Soul und Blues, World Folk, Punkrock, Reggae oder satter Gitarren-Sound. Auch bei der Auswahl ihrer Künstler beweist die 360 Grad Bar Rund- und Überblick und sorgt dafür, dass für jeden Gast das Richtige dabei ist.

● 360 Grad Bar Fehmarn, Strandpromenade 6 a, Burgtiefe, 23769 Fehmarn
www.360gradbar.de

JEVER

An der Pulsader der Insel

43 Im Hafen Fehmarnsund

Kleine Häfen sind immer etwas Besonderes. Im Sommer jeder Platz reserviert von auf Hochglanz polierten Segelbooten, großes Hallo bei An- und Ablegemanövern und tagsüber fröhliches Geschnatter und Fachsimpelei von Boot zu Boot. Abends wird es ruhiger, die Nacht senkt sich herab und nur noch vereinzelt hört man Stimmen von Menschen, die bei flackerndem Kerzenschein auf ihren Booten sitzen. Dann wird es ganz still und das Leben zieht sich zurück ins Innere, hinter einzelnen Fenstern wird Licht entfacht und plötzlich hört man wieder die Wellen, die zaghaft an die Boote schlagen und sie auf dem Wasser sanft auf und ab wippen lassen. Und den Wind, der die Takelage in den Masten klimpern lässt – ein grandioses Geräusch, in das man sich geradezu verlieben kann.

TIPP

Einmal unter der Brücke durchspazieren – beeindruckend!

Der Hafen von Fehmarnsund ist aber auch aus einem anderen Grund besonders. Die unmittelbare Nähe zur hoch in den Himmel ragenden Brücke gibt diesem Ort noch mal ein ganz einzigartiges Flair. Ruhe und Abgeschiedenheit – aber doch nicht so ganz, denn die Pulsader Fehmarns schläft nie, und immer gibt es Lichter, die im Dunkeln ihren Weg auf die Insel suchen. So friedlich und verschlafen war der kleine Segelhafen aber nicht immer. Vor dem Brückenbau ging es an diesem Ort sogar recht lebhaft zu, denn hier legte lange Zeit die Fähre vom Festland kommend an und die Boote setzten von Fehmarn aus „nach Europa über“, wie man auf der Insel gerne sagte. Anfang des 20. Jahrhunderts war es ein Dampfschiff, das zwischen Großenbrode und Fehmarnsund pendelte, und ab 1927 gab es dann eine größere Fähre, die auch Passagierwaggons mitnehmen konnte. Fahrgäste blieben während der Überfahrt einfach in ihrem Schienenbus sitzen und kamen so sicher über den Sund. Recht schnell war es dann allerdings mit der Betriebsamkeit vorbei, als die Brücke über den Fehmarnsund eröffnet wurde, und im Hafen machte sich wieder wohlige Stille breit. Wie das Meer, das aufgewühlt nach einem kleinen Sturm nun wieder beruhigend stetig an die Holzstege im Hafen schwappt.

● Hafen Fehmarnsund, 23769 Fehmarn

Retter in der Not

44 Pizzaautomaten auf Fehmarn

Alle lieben Pizza! Oder etwa nicht? Auf Fehmarn können Pizzaliebhaber nun rund um die Uhr ihren Gelüsten frönen. Ob Margherita, Salami, Prosciutto, vegetarisch, Tonno oder BBQ Pollo – die Auswahl ist ordentlich und innerhalb weniger Minuten liefert der Automat eine heiße Pizza im Pappkarton. Faszinierend! Mittlerweile gibt es mehrere Standorte, unter anderem am Campingplatz Miramar, im Yachthafen Südstrand, an der LEV-Tankstelle in Landkirchen und am Campingplatz am Klausdorfer Strand.

Hat man also nach einem langen Strandtag – die Haut noch salzig vom Baden im Meer, die Füße noch voller Sand und die Haare zerzaust – ein wenig Hunger und möchte den Abend am liebsten einfach im Campingwagen oder vor dem Zelt verbringen, dann ist so ein Pizzaautomat ein echter Glücksfall! Oder vielleicht möchte man am späten Abend noch mal spontan zum Strand, wenn sich ein fantastischer Sonnenuntergang abzeichnet und die Welt für einen kurzen Augenblick in einen Farbtopf aus Orange- und Rottönen getunkt wird. Dazu einen kleinen Sundowner – ein Gläschen Wein oder ein Bier im langsam kühler werdenden Sand sitzend und das Naturschauspiel bewundern. Kommt dann die Lust auf eine Pizza auf, scheitert die Erfüllung dieses kulinarischen Verlangens ja oft an Öffnungszeiten oder eben an dem Gläschen, das man schon getrunken hat. Dann ist so ein Automat einfach eine tolle Sache. Und auch wenn auf einer langen Fahrradtour nur eine kurze, schnelle Pause auf einem der vielen schönen Feldsofas oder Bänke auf der Steilküste mit Blick aufs Meer eingelegt werden soll, kommt so eine schnelle Pizza gerade recht.

Geschmacklich steht sie keiner Tiefkühlpizza aus dem Supermarkt nach. Sie muss allerdings noch geschnitten werden oder man reißt sie einfach in Stücke – das funktioniert nämlich um einiges besser als bei der Variante aus dem Supermarkt. Der Boden ist dünn und der Rand knusprig. Herrlich, wie schön sich der Käse zieht und zusammen mit der heißen Tomatensoße das Wasser im Munde zusammenlaufen lässt.

- Pizzaautomat am Campingplatz Klausdorfer Strand, Klausdorfer Strandweg 100, Klausdorf, 23769 Fehmarn

24/7
Frische Pizzen
24/7
Frische Pizzen
24H RUND UM DIE UHR
FEHMARNS PIZZABOX
BERÜHREN SIE DEN BILDSCHIRM UM ZU BEGINNEN
FrischePizzen

Matschig, aber glücklich

45 Im Barfußpark in Neue Tiefe

Schuhe aus und los geht's! Im neuen Barfußpark in Neue Tiefe gibt es nicht nur für Kinder Spannendes zu entdecken, auch Erwachsene werden hier vor die ein oder andere Herausforderung gestellt. Auf einem rund 4 Hektar großen Gelände mit Holzlabyrinth, großem Abenteuerspielplatz und dem großartigen Lehr- und Erlebnispfad können sich Groß und Klein so richtig auspowern. Wie fühlen sich die unterschiedlichen Untergründe an? Kitzelt es? Oder piekst es? Oder ist es schön und man möchte am liebsten stehen bleiben? Wer kann mit geschlossenen Augen erraten, worüber man gerade läuft? Sind es vielleicht Muscheln oder Korken, ist es Stroh oder Kiesel? Und kann man barfuß über Baumstämme, schaukelnde Taubrücken und große Steine balancieren?

Füße sind ein wahres Meisterwerk – meist sträflich vernachlässigt, obwohl täglich benötigt und stark belastet wie sonst kaum ein anderes Körperteil. Also mehr als an der Zeit, unseren Füßen und Fußsohlen, in denen mehr Sinneszellen liegen als in unserem Gesicht, endlich etwas Aufmerksamkeit zu schenken. Auch der Tastsinn wird geschult – in mehreren Fühlkästen heißt es „Erst ertasten, dann anschauen". Es macht Spaß, die Natur zu fühlen und sich selbst ein wenig auf die Probe zu stellen. Wer erfahren möchte, welche Aufgaben eigentlich ein Jagdhund hat, was auf Fehmarn angebaut wird und welche Fische in der Ostsee leben, der sollte auf die im Park errichteten Themenschilder achten. Sie informieren über Ostsee und Strände, Jagd, Umweltschutz und Landwirtschaft auf Fehmarn.

Wer den Erlebnispfad hinter sich gebracht hat und seinen Füßen noch etwas Gutes tun will, kann im Kneippbecken entspannen und noch ein wenig Wassertreten genießen oder sich – und das tut vor allem Leib und Seele gut – auf der schönen Sonnenterrasse bei Kaffee und Kuchen von den vielen ungewohnten Sinneseindrücken erholen. Oder aber die Großen erinnern sich daran, wie viel Spaß es macht, mit nackten Füßen durch Schlamm zu laufen und dann am Abend matschig, aber glücklich nach Hause zu gehen.

● Barfußpark Fehmarn, Strandallee 17, Neue Tiefe, 23769 Fehmarn
www.barfusspark-fehmarn.de

Das Kleine ganz groß

46 Das Lütten in Lemkenhafen

Laut Duden bedeutet das Wort „chillig“ so viel wie erholsam, entspannend, für innere Ruhe sorgend. Und gäbe es das Wort nicht schon, müsste es eigens für das Lütten in Lemkenhafen erfunden werden. Denn mehr Entspannung als hier geht eigentlich nicht. Direkt an der Wasserkante können Gäste es sich an Tischen und in Liegestühlen bei kühlen Getränken und leckeren Kleinigkeiten so richtig gut gehen lassen. Auch die stylische Terrasse mit Blick aufs Meer samt dem Kitespot Lemkenhafen verführt dazu, einfach hier sitzen bleiben zu wollen und das Leben zu genießen. Und hat man das Glück, einen Platz in einem der unwiderstehlichen Hängesessel zu ergattern, ist sowieso Schluss mit allen Plänen, die einen Standortwechsel erfordern. Das lässige Ambiente, der zauberhafte Ausblick und die charmanten Menschen sind gut für die Seele, die Karte mit ausgewählten Leckereien – sowohl in flüssiger als auch in fester Form – gut für den Leib. Ein grandioses, pures Urlaubsfeeling – hier freut man sich des Lebens. Für die kühlere Jahreszeit stehen auch innen ein paar nicht weniger hyggelige Plätze zur Verfügung – schwierig zu entscheiden, wo man in der einsetzenden Abendkühle besser sitzt: in eine Decke eingemummelt auf einem Liegestuhl am Meer oder im gemütlichen Gastraum mit Blick auf Wasser und Theke. Das Lütten sollte man auf jeden Fall mindestens einmal zum Sonnenuntergang erlebt haben, denn kaum an einem anderen Platz auf der Insel kann man den prächtigen Abendhimmel so hautnah erleben – hier sitzt man wirklich in der ersten Reihe. Dazu einen Snack wie Antipasti, Bruschetta oder ein Fischbrötchen samt einem Sundowner. Da aber beginnt die Qual der Wahl, denn das Lütten verfügt nicht nur über ein vielfältiges Weinangebot, es ist auch bekannt als größte Gin-Bar Fehmarns. Deichlimo, Schnick Schmack und das Inselbier Knust vom Fass sind aber ebenso perfekte Begleiter zu dem grandiosen Naturschauspiel, dem das Lütten hier eine Bühne bietet. Diese außergewöhnlich schöne Location darf man auf keinen Fall verpassen – das Lütten ist ein Glücksort in Vollendung.

TIPP

Einen Bummel durch den pittoresken Hafen unternehmen.

● Lütten, Am Seglerhafen 1002, Lemkenhafen, 23769 Fehmarn, www.luetten.net

Das Glück der Hühnergötter

47 Entlang der Steilküste Katharinenhof

Die Steilküste samt vorgelagertem Naturstrand in Katharinenhof ist einer der schönsten Fleckchen auf der gesamten Insel. Hohe, schlanke Bäume zieren das im Schnitt 5 Meter hohe Steilufer. Und im Frühjahr ist es zusätzlich übersät mit Buschwindröschen – ein echter Frühlingstraum. An den überwiegend steinigen Strand gelangt man problemlos von der Stichstraße kurz vor dem Campingplatz aus, die direkt zum Waldrand hinunterführt. Hier gibt es auch einige Parkmöglichkeiten. Der Naturstrand wirkt weitestgehend unberührt. Wer Ursprünglichkeit vorzieht, ist hier genau am richtigen Ort. Die Steilküste ist immer in Bewegung und kaum ein Tag gleicht hier dem anderen. Durch starken Regen oder bei Sturm kann es zu Abbrüchen des Erdreichs kommen. Große freigelegte Baumwurzeln ragen immer wieder aus der Steilküste heraus – fast wie Finger, die nach Halt suchen. Doch die Bäume rutschen nach und nach ab und liegen zusammen mit den großen Findlingen, die zuvor denselben Weg hinter sich gebracht haben, am Strand.

TIPP

Katharinenhof ist darüber hinaus ein beliebtes Tauchrevier.

Diese raue Küste ist einfach ideal für Spaziergänge, es gibt jede Menge zu entdecken und Fotomotive gibt es wie den sprichwörtlichen Sand am Meer. Besonders die speziellen Lichtverhältnisse am Nachmittag bieten grandiose Möglichkeiten für alle, die Spaß an guten Bildern haben. Der Schattenwurf der Bäume ist dann besonders reizvoll. Kleine, feinsandige Ecken hinter manch großem Stein sind tolle Rastplätze für alle, die lieber auf Sand als auf Steinen sitzen und ausruhen möchten.

Manch Spaziergänger hält die Augen offen nach Treibholzstückchen, besonders nach einer stürmischen Nacht, und mit Glück findet man auch den ein oder anderen kleinen Bernstein, das Gold der Ostsee. Und Hühnergötter gibt es hier ebenfalls zu finden – natürlich entstandene Lochsteine, denen je nach Region ganz besondere Kräfte nachgesagt werden. Auch der Glaube, der Stein bringe dem Menschen, der ihn findet, Glück, gehört dazu. Und davon kann man ja nun wirklich niemals genug haben.

● Steilküste Katharinenhof, 23769 Fehmarn

Von Kuchen und Kunst

48 Im Hofcafé Bisdorf

Nicht nur geografisch, sondern vor allem kulinarisch sei Bisdorf der Mittelpunkt der Insel Fehmarn, so sagt man und es ist absolut empfehlenswert, dieser Behauptung persönlich auf den Grund zu gehen. Das Hofcafé Bisdorf liegt ländlich inmitten von Wiesen und ist schon lange kein Geheimtipp mehr. Zahllose Stammgäste, aber auch viele neue Besucher folgen dem Ruf der himmlischen Kuchen und Torten, die Besitzerin Ilka Küthe hier zusammen mit ihrem Team tagtäglich frisch backt und ihren Gästen anbietet. Bis zu 14 verschiedene Torten- und Kuchenträume stehen im Café zur Auswahl – ausschließlich hausgemacht aus wenigen, ausgewählten Zutaten und ohne künstliche Aromen – und so manch einer muss sich ob dieser Vielfalt erst mal sammeln.

Das Hofcafé ist eines der ältesten auf Fehmarn und viele der Rezepte stammen von Ilkas Mutter, die bis 2013 das Café geführt hat. Im Sommer empfiehlt sich ein gemütlicher Platz in einem der Strandkörbe. Mit Blick auf die Felder lässt es sich vortrefflich genießen und Eisschokolade oder Eiskaffee, aber auch ein kühles Bier schmecken noch mal so gut. Natürlich wurde hier auch an die weniger wetterfreundlichen Tage gedacht: Dann sorgt die heimelige Atmosphäre im Inneren des Cafés für absolute Wohlfühlmomente und im Winter knistert ein Feuer im Kamin. Was will man mehr?

TIPP
Unbedingt auch das Sommeratelier des Malers Joachim Fritz besuchen, das sich im Hof befindet.

Ach ja, süße Leckereien natürlich! Die Hoftorte mit Eierlikör muss eigentlich jeder Gast mal probiert haben und Schoko-Fans werden die Doppelte Schoko-Torte lieben. Klassiker wie Schwarzwälder Kirsch-, Mandarine-Schmand-, Mohn-Marzipan- und Stachelbeer-Baiser-Torte bekommen Konkurrenz von Himbeer-Mascarpone-Baiser-, Stachelbeer-Mohn-Eierlikör- und Erdbeer-Joghurt-Holunder-Torte. Und auch die Kuchen vom Blech wie der superleckere Butterkuchen, Stachelbeer- oder Pflaumenkuchen mischen sich je nach Saison ins Geschehen ein und machen die Entscheidung nicht leichter. Aber eine Wahl sollte man treffen, um dann bei einem Stück dieser süßen Köstlichkeit so richtig die Seele baumeln zu lassen.

● Hofcafé Bisdorf, Bisdorf 15, Bisdorf, 23769 Fehmarn, Tel. (0 43 71) 86 41 33
www.hofcafe-bisdorf.com

Der Weg ist das Ziel

49 Wanderung zum Leuchtturm Staberhuk

Im äußersten Südosten Fehmarns steht ein einzigartiger Leuchtturm, der zwar nicht besichtigt werden kann und auf einem abgesperrten Areal steht, aber trotzdem Jahr für Jahr viele Besucher anzieht, die den Turm von außen in seiner malerischen Umgebung bestaunen. Idyllisches Grün und imposante Steilküste – ein Szenario, das schon Ernst Ludwig Kirchner inspirierte und ihn mehrere Sommer im Haus des Leuchtturmwärters verbringen ließ. Und ein Besuch, der mit ein wenig Anstrengung verbunden ist, da man nur zu Fuß oder mit dem Rad in die Nähe des Turms gelangt, lohnt sich auf jeden Fall.
Massiv ist er, der 1904 in Betrieb genommene Leuchtturm, der eigens für die 2,5 Meter hohe gusseiserne Laterne, die vom alten Leuchtturm Helgolands übernommen wurde, so errichtet wurde. Sturmfest und unerschütterlich sollte man meinen. Doch der gelbe Sandstein, aus dem der Turm – genau wie das benachbarte Gut Staberhof – gebaut wurde, hielt den Witterungsbedingungen nicht stand, sodass die Steine an der Westseite des Turms gegen rote Backsteine ausgetauscht werden mussten – weltweit einzigartig, dieses zweifarbige Mauerwerk! Der 23 Meter hohe Turm ist der jüngste der historischen Leuchttürme Fehmarns und tut auch heute noch seinen Dienst, indem er den Seeweg durch den Fehmarnsund sichert. Denn die Gewässer rund um Staberhuk sind wegen der teilweise dicht unter der Wasseroberfläche liegenden Felsbrocken für die Schifffahrt nicht ungefährlich.
Vom Parkplatz neben der bewachten Marineortungsstelle aus gelangt man in einer rund halbstündigen Wanderung immer entlang des Wassers und vorbei an unzähligen Brombeerhecken zum Leuchtturm. Bei extremem Niedrigwasser kann man mit Glück den sogenannten Drummelstein sehen. Auf dem Stein haust laut fehmarnscher Sage noch heute ein mächtiger Riese, der jedes Mal, wenn er sich aus seinem Versteck wagt und eine Frau am Ufer spazieren sieht, ein wütendes Geheul beginnt, das auf der Insel als ohrenbetäubender Wind ankommt.

TIPP

Der größte Wald der Insel, das Staberholz, liegt ganz in der Nähe.

● Leuchtturm Staberhuk, 23769 Fehmarn

Faszination Ostseejade

50

Im Atelier Fehmarnsteine in Petersdorf

Sich an einem der weitläufigen Strände der Insel auf Fossilienjagd oder auf die Suche nach ganz besonderen Steinen zu begeben, macht viel Spaß. Doch oft genug landen die gefundenen Schätze dann nach ein paar Wochen in einer Schublade und werden vergessen. Dabei kann man im kleinen Laden von Andrea Osterkamp seinen Strandfund aufarbeiten und zum Schmuckstück werden lassen, das garantiert nicht in Vergessenheit gerät. Individueller geht ein Andenken an den Urlaub wohl kaum.

Doch natürlich widmet sich Andrea Osterkamp nicht nur den Funden ihrer Kunden, sie macht sich auch selbst auf die Suche nach Donnerkeilen, versteinerten Seeigeln, Hühnergöttern, Fossilien und ganz besonderen Steinen. Wie zum Beispiel Bernstein oder der Fehmarn- oder Ostseejade, auch Faserkalk genannt, einer Erscheinungsform von Calcit, die vornehmlich im östlichen Schleswig-Holstein und im Norden von Mecklenburg-Vorpommern zu finden ist. „Bei jedem Spaziergang am Meer stoße ich auf außergewöhnliche Stücke, die ich zeigen und ihnen eine besondere Bedeutung verleihen möchte, denn sie stecken voller Geschichten“, so die Schmuck-Künstlerin, die bereits seit 2003 in ihrem Atelier arbeitet. Die gesammelten Strandsteine werden geglättet und poliert – in Handarbeit oder in der Steintrommel, die über mehrere Wochen laufen muss. Eine besonders schonende Technik, durch die von der Ursprünglichkeit der Steine nichts verloren geht und ihre natürliche Wirkung sogar verstärkt wird. Aus einem unscheinbar wirkenden Feuerstein, Sandstein oder Faserkalk werden so einzigartige Hingucker und in Handarbeit eingefasst in 925er-Silber wunderschöne Schmuckstücke. Kettenanhänger, Ohrringe, Armbänder, Ringe, aber auch Schlüsselanhänger oder Lesezeichen warten hier auf neue Besitzer.

Besonders beliebt sind auch die Kurse, die hier angeboten werden. An einem Nachmittag kann man unter Anleitung sein eigenes Schmuckstück herstellen – ein hässlicher Entlein-Stein verwandelt sich in eine schöne Schwanen-Ostseejade. Echt faszinierend!

TIPP

Gute Chancen auf besondere Steinfunde hat man an den Steilküsten der Insel.

● Fehmarnsteine, Erlengrund 14, Petersdorf, 23769 Fehmarn, Tel. (0 43 72) 99 13 90
www.fehmarnsteine.de

OSTSEE SCHATZ
OSTSEE SCHATZ

Pilgerstätte am Meer

51 Peter-und-Paul-Kapelle bei Puttgarden

Ein fantastischer Ort für eine kleine Rast ist die etwas abseits gelegene Gedenkstätte der Peter-und-Paul-Kapelle bei Puttgarden. Eine kleine Hütte mit Glockenturm und ein Kreuz erinnern an das erste Gotteshaus der Insel, denn lange vor der St.-Nikolai-Kirche in Burg, die ja die älteste erhaltene Kirche Fehmarns ist, stand hier die Peter-und-Paul-Kapelle. Errichtet wurde sie auf Geheiß König Knuds VI., der sowohl hier als auch auf Lolland Dank- und Opferkapellen bauen ließ für die skandinavischen Pilger, die sich zu den heiligen Stätten der Christenheit aufgemacht hatten. Die Überfahrt über den Fehmarnbelt besorgten Fischer, die mit ihren kleinen Booten in der oftmals stürmischen See arg zu kämpfen hatten. Ein Übersetzen dauerte oft mehr als 3 Stunden und ging beileibe nicht immer gut aus. Nach geglückter Überquerung des Belts kam da ein Ort, an dem man seinem Schöpfer dafür danken konnte, mehr als nur recht. Im sogenannten Strand-Block, einem Opferstock, der vor der Kapelle am offenen Strand stand, konnten die Pilger ihre Opfergabe gleich nach der Ankunft loswerden. Bis zur Reformation war die Kapelle am Strand ein wahrer Wallfahrtsort für die Insulaner. 1644 wurde sie von schwedischen Kriegsschiffen beschossen und komplett zerstört – lediglich der Strand-Block überlebte und steht heute in der St.-Jürgen-Kapelle.

Wo genau diese Kapelle stand, kann nicht mehr hundertprozentig gesagt werden. Fest steht aber, dass der Küstenverlauf in damaliger Zeit ein anderer war und es mehrere natürliche Buchten gegeben hat, die über eine schmale Zufahrt mit dem Meer verbunden waren. Erst die Sturmflut 1872 und die darauffolgenden Deichbaumaßnahmen formten und formen auch weiterhin die heutige Küstenlinie. Die kleine Gedenkstätte ist ein ruhiger Ort, der in seiner Abgeschiedenheit einlädt, innezuhalten. Die Küste kann man heute von hier aus zwar nicht mehr sehen, manchmal sausen aber die Kites der Wellenreiter am Horizont entlang. Und fühlen kann man den Fehmarnbelt hier auf jeden Fall.

● Gedenkstätte Peter-und-Paul-Kapelle, in Fortsetzung der Straße Op-de-Wei, Puttgarden, 23769 Fehmarn

Kuchen im Büro

52

Im Café Kontor in Burgstaaken

Hereinspaziert in die gute Stube – immer der Nase nach! Mmmhhh, wie es hier duftet! Verführerisch! Im Café Kontor in Burgstaaken werden sich nicht nur Liebhaber frisch gebackener Torten und Kuchen so richtig wohlfühlen. Auch alle, die an sorgsam ausgewählten Wohnaccessoires und schönen Dekoartikeln ihre Freude haben, sind hier genau richtig. Verliebt man sich in das ein oder andere Schmuckstück, muss man sich nicht zwangsläufig wieder davon trennen, denn fast alle Dekoartikel hier sind käuflich. In den ehemaligen Kontorräumen der Fehmarner Mühle stößt man auf eine harmonische Mischung aus guter alter Zeit und Moderne. Die Mühle H. Kölln, lange Zeit Wahrzeichen der Insel mit ihrem hohen Siloturm, der auf der Insel liebevoll „Köllner Dom" genannt wurde, fiel Mitte der 1970er-Jahre einem Feuer zum Opfer. Die Idee, die seitdem nicht mehr benötigten Büro- und Geschäftsräume für ein Ausflugscafé zu nutzen, stellte sich als Volltreffer heraus.

Nach einem ausgiebigen Hafenspaziergang kann man es sich heute in den historischen Räumen so richtig gemütlich machen. Der Charme vergangener Zeit trifft moderne Elemente – mit viel Liebe zum Detail und dem funkelnden Kronleuchter über allem – wie ein Wächter des besonderen Ambientes. Im Sommer laden die Tische im Garten mit Blick auf den Hafen zum Verweilen ein. Herrlich, hier den Fischkuttern und Ausflugsbooten zuzusehen, während die Geschmacksknospen im Mund Purzelbaum schlagen ob der süßen Leckerei, die vom Teller in den Mund gewandert ist. Köstliche Torten und Kuchen, die im Café Kontor nach alten und geheimen Familienrezepten täglich gebacken werden, bringen regelmäßig Cafégäste in arge Entscheidungsnot, wenn sie am Tresen die ganze Pracht vor Augen haben. Ob Preisel-, Blau- oder Himbeere, Sahnestücke oder Marzipan, Schokolade oder Joghurt – der Kuchenfantasie sind fast keine Grenzen gesetzt. Da heißt es dann hart sein und sich durchprobieren – und für alle Exemplare, die man nicht schafft, ist ja morgen auch noch ein Tag.

TIPP

Das nahe gelegene Seenotrettungsmuseum inklusive des Seenotkreuzers Arwed Emminghaus anschauen.

● Café Kontor, Burgstaaken 57, Burgstaaken, 23769 Fehmarn
www.cafekontor.de

Cafe Kontor
HINRICH KÖLLN
KONTOR

Der Sprung aufs Brett

53 Windsurfing Fehmarn auf der Orther Reede

Wer endlich den Sprung auf das Brett, das die Surfwelt bedeutet, schaffen will, der ist bei Windsurfing Fehmarn in den richtigen Händen. Hier kann man einen ganz klassischen Windsurfkurs absolvieren und nach zweitägigem Einsteigerkurs sowie absolvierter theoretischer und praktischer Prüfung auch den Windsurfschein machen. Einsteiger und Fortgeschrittene – hier gibt es für jeden das richtige Angebot. Und wo könnte man bessere Bedingungen für das Erlernen dieser spaßigen Wassersportart finden als auf der Orther Reede? Ein riesiges Stehrevier mit hüfthohem, ruhigem Wasser ohne Wellenschlag bietet einfach geniale Voraussetzungen, sich aufs Brett zu wagen. „Ab hier wird gelächelt" – der Slogan der Surfschule ist Programm, denn Unterricht ohne Spaß gibt es nicht. Jedenfalls keinen guten. Und so konnte der Traum unzähliger Schüler vom Wind im Segel schon erfüllt werden. Wer es etwas weniger waghalsig mag, aber trotzdem cool auf einem Brett stehen möchte, der kann hier auch das Stand-up-Paddling lernen. Vor knapp 60 Jahren auf Hawaii war das SUP eigentlich nur eine komfortablere Art, um vom Ufer zu den Riffen zu gelangen, und viele Surfer nutzten es darüber hinaus als Work-out-Training in wellenlosen Zeiten. Vor einigen Jahren wiederentdeckt, erlebt das SUP geradezu einen Boom – kein Wunder, denn das gelenkschonende und ganzheitliche Ausdauer-Training tut dem ganzen Körper gut und kann von jedem erlernt werden. Und auch für diese Wassersportart ist die geschützte Bucht Orther Reede absolut perfekt.
Sämtliches Equipment für das Glück auf dem Wasser kann man sich bei Windsurfing Fehmarn ausleihen. Es gibt also kaum einen Grund, es nicht mal auszuprobieren, aufs Brett zu steigen und pure Glücksgefühle zu erleben. Ob rasant oder gemächlicher, ob gleich mit Vollgas oder erst mal im Testlauf – der Spaß auf dem Wasser mit der Sonne im Gesicht und Salz auf der Haut ist geradezu berauschend.

● Windsurfing Fehmarn, Am Hafen 2, Orth, 23769 Fehmarn, Tel. (0 43 72) 10 52
www.windsurfing-fehmarn.de

NEILPRYDE
GER-818
RS-RACING
patrik

Immer der Nase nach

54 Der Seifenladen Handgemacht in Burg

Immer der Nase nach geht's in der Breiten Straße in Burg in den kleinen, aber feinen Laden von Madlen Argens. In den schönen weißen Vintage-Regalen, auf einer Kommode und in einer Küchenanrichte sowie auf einem Tisch in der Mitte werden hier handgemachte Seifen präsentiert. Die dunkel gehaltenen Wände als Kontrast zum Mobiliar verleihen dem Raum eine nordisch aufgeräumte Atmosphäre. Wer sich hier eine duftende Erinnerung an Fehmarn mit nach Hause nehmen möchte, der wird mit Sicherheit fündig. Bei der Herstellung der Seifen ist die gesamte Familie mit eingespannt, ein echtes Familienunternehmen also, das hier alle Stücke palmölfrei und meist vegan in Handarbeit herstellt.

Beliebtes Mitbringsel von der Insel ist auf jeden Fall Strandgut in jeglicher Form – und auch die namensgleiche Seife steht bei Kunden des Seifenladens hoch im Kurs. Das hübsche Stück ist farblich in Blau-Weiß und Beige gehalten und mit Quarzsand sowie einer Muschel versehen. Welche Seife wäre auf einer Insel wie Fehmarn wohl passender? Verlockend auch der verführerische Duft der Lavendelseife aus verseiftem Kokosöl, Kakaobutter und Lavendelöl, genauso die Ringelblütenseife mit Babassuöl, Sheabutter, Jojobaöl, ätherischem Ylang und Orangenöl. Von der Seifentorte mit Muscheln, Schnecken und Seesternen aus Seife und echtem Meerglas vom Ostseestrand als Dekoration kann man kaum die Finger lassen, während man an Sole-Seife, White-Linen-, Kaffee- und der Beachseife vorbeischlendert. Betörende Düfte, die da auf einen einströmen. Vom hübschen Seifenstück Rosengarten, dem kirschkuchensüßen Pink Cherry und dem fetzigen Fiete, einer Körper- und Duschseife, ganz zu schweigen. Besonders die jüngeren Besucher des Seifenladens erfreuen sich an den kleinen Seesternen und Muscheln. Und auf die pastellfarbene Seife am Stiel müssen nicht nur die Kleinen einen zweiten Blick werfen, um zu erkennen, dass es sich hierbei tatsächlich auch um Seife und nicht um eine süße Leckerei handelt.

TIPP

Wunderschöne Mitbringsel für zu Hause gibt es auch im Laden DecoGoodies in der Niendorfer Straße.

● Der Seifenladen Handgemacht, Breite Straße 43, Burg, 23769 Fehmarn

palmölfreie Seife mit
KOKOSÖLSEIFE
– LAVENDEL –

Der beltbeste Imbiss

55

Die Beltbude am Grünen Brink

Holprig ist der schmale Plattenweg entlang des Deichs bis zum Parkplatz direkt gegenüber der Beltbude. Wer das seinen Autoreifen nicht zumuten und sich sowieso noch ein wenig die Beine vertreten möchte, lässt den Wagen am besten gleich am ersten Parkplatz stehen und macht sich zu Fuß auf in Richtung der angesagten Location am Deich. Im ehemaligen Pumpenhaus nur wenige Schritte vom schönen Sandstrand entfernt ist der „beltbeste Imbiss" zum echten Dauerbrenner geworden.

Eine schöne, hoch gelegene Holzterrasse bietet reichlich Platz und vor allem eine fantastische Aussicht über die Ostsee hinüber bis nach Lolland, das man am Horizont erahnt. Richtung Westen schaut man von hier aus über das herrliche Naturschutzgebiet Grüner Brink, Richtung Osten sieht man die Fähren im Hafen von Puttgarden an- und ablegen. Ein Schauspiel, dem man lange zusehen kann, genauso wie den Menschen, die entlang der Küste oder Richtung Strand unterwegs sind, und den Surfern, die hier auf den Wiesen ihr Equipment ausbreiten.

TIPP

Am nahe gelegenen Hundestrand können sich Vierbeiner so richtig austoben.

Besonders gut geht das bei Kaffee und Kuchen. Nach einem langen Strandspaziergang, einem Tag an einem der schönsten Strände der Insel mit Bad in der Ostsee und Action beim Surfen oder Stand-up-Paddling lässt es sich herrlich auf den einfachen Außenplätzen regenerieren und Kraft schöpfen für weitere Abenteuer. Auch Radfahrer legen an dieser kultigen Bude gerne eine Pause ein, genießen die spektakuläre Kulisse und wappnen sich für weitere Kilometer auf dem Drahtesel. Guilty pleasures wie die knusprigen Pommes mit Currywurst, die berühmten Belt-Burger mit Hähnchen oder die leckeren Fischbrötchen kann man sich hier ganz ohne Reue schmecken lassen – einfach großartig, in diesem Ambiente neue Energie zu tanken und sich ganz entspannt zurückzulehnen. Erholung pur! Schöner wird's hier nur noch zum Sonnenuntergang – wenn der Himmel mit Orange, Rot und Rosa angemalt zu sein scheint, lässige Musik aus den Lautsprechern erklingt und ein Sundowner die beltbeste Szenerie versüßt.

● Beltbude, Krögenweg 100, Grüner Brink, 23769 Fehmarn, www.beltbude.de

EIS GEHT
IMMER!

Rekonstruierte Geschichte

56

Das Wulfener Langbettgrab

Die besondere Lage des Wulfener Berges wussten schon Menschen der Steinzeit zu schätzen, denn hier gab es einst ein steinzeitliches Gräberfeld von immensen Ausmaßen. Mehrere sogenannte Langbetten soll es hier gegeben haben, teilweise mit einer Länge bis zu 130 Metern. Zum Glück gelang dem Altertumsforscher Diederich Harries 1836 eine detaillierte Beschreibung der Funde auf dem einstigen, gut 5000 Jahre alten Gräberfeld. Nur vier Jahrzehnte später führte der Steinmangel auf der Insel dazu, dass die gesamte Anlage dem Deichbau zum Opfer fiel.
Heute kann man hier einen originalgetreu rekonstruierten Nachbau eines einzelnen Langbettgrabes bestaunen. Rund 100 Findlinge mit einem Gewicht von gut 300 Tonnen aus allen Teilen der Insel wurden für den Nachbau benötigt. Auch Anfang des 21. Jahrhunderts mit vielen technischen Möglichkeiten ein echter Kraftakt. Aber was wohl vor Tausenden von Jahren hier los war? Die tonnenschweren Steine mussten mit Stangen, Seilen und Baumstämmen, die als Schienen und Rollen dienten, sehr mühsam hierher und dann an die richtige Position bewegt werden. Was für eine unglaubliche Energie- und Gemeinschaftsleistung!
Der Nachbau besteht aus einem rund 60 Meter langen und 7 Meter breiten Steinrahmen, jeder einzelne der Findlinge wurde sorgfältig ausgesucht. Auch ein ehemaliger Grenzstein von 1788 ist darunter. Innerhalb des Rahmens befinden sich zwei Grabkammern mit je sieben Träger- und zwei Decksteinen sowie ein nahezu quadratischer Opferstein, der sogar ein Original sein soll. Die Ausmaße sind wirklich beeindruckend – und dies ist nur einer von mehreren Bauten, die hier wohl einst errichtet worden waren. Und dazu noch eine relativ kleine Variante.
Beeindruckend ist auch der traumhafte Blick auf den Binnensee bis nach Burg. Hier sollte man unbedingt ein wenig bleiben und diesen Ort auf sich wirken lassen. Und die Ohren spitzen! Denn die Geschichte, die der Nachbau des Langbettgrabes an diesem historischen Ort erzählt, ist faszinierend!

TIPP

Die Treppe am Kliff hinuntersteigen und die Uferschwalbenkolonie bestaunen.

● Wulfener Langbettgrab, Bargmöhl 28, Wulfen, 23769 Fehmarn

Blühende Kuchenlandschaft

57 Im Flora Café in Altjellingsdorf

Ein Leben ohne Kuchen ist möglich, aber sinnlos. Wer das unterschreiben kann, ist im Flora Café in Altjellingsdorf gut aufgehoben. Die hausgemachten leckeren Kuchen – alle nach alten Familienrezepten und aus regionalen Zutaten mit viel Liebe gebacken – füllen in unterschiedlicher Besetzung die Kuchentheke, an deren Scheibe man aufpassen muss, sich nicht die Nase plattzudrücken. Die fehmarnsche Nusstorte, Schoko-Sahne und Mohn-Marzipan funkeln einen aus der einen, die Brombeer-Joghurt-Torte, Birne-Stracciatella, Sanddorn-Nuss und Cappuccino-Kirsch aus der anderen Ecke an. In der Mitte Mandarine-Schmand, Pfirsich-Quark und Maracuja-Weiße-Schokolade. Alle flüstern „Iss mich!" und einmischen tun sich noch Käse-, Streusel- und Mohnkuchen, ganz zu schweigen von den Mandelhörnchen und den vorwitzigen Rumkugeln. Wer herzhaft auf der Wunschliste stehen hat, für den gibt es auch etwas.

Hat man sich dann für ein Stück (oder zwei – und die Rumkugel) entschieden, kann man es sich im Grünen gemütlich machen und sich voll und ganz dem süßen Genuss hingeben. Diese Ruhe, wie man sie hier in Altjellingsdorf erlebt, gibt es sonst auf Fehmarn nur zur absoluten Nebensaison. Fernab vom Trubel, fast ein wenig abgeschieden im herrlichen Garten des Landcafés mit Blick ins weite Grün die grandiosen Leckereien naschen – auch so kann man entspannen und seine Akkus wieder auftanken.

Natürlich kann man das auch bei Wetterverhältnissen, die nicht unbedingt dazu einladen, im Freien zu sitzen. Im sorgsam restaurierten alten Pferdestall von 1932 sind die Innenplätze des beschaulichen Cafés untergebracht. Rustikales Interieur und liebevolle, detailverliebte Dekoration machen es leicht, sich hier auf Anhieb wohlzufühlen.

Und auch für zu Hause kann man noch etwas mitnehmen. Neben Kunsthandwerk und Accessoires können selbst gemachte, sehr empfehlenswerte Marmeladen und Gelees gekauft werden. Die Früchte dafür stammen ausnahmslos aus dem nahe gelegenen Garten, Regionalität gilt hier eben auch außer Haus.

● Flora Café, Altjellingsdorf 1, Altjellingsdorf, 23769 Fehmarn, Tel. (0 43 71) 87 92 14
www.flora-cafe.de

Flora-Café
Inhaberin: Ute Maaß
Altjellingsdorf auf Fehmarn
Telefon (0 43 71) 87 92 14

Auf Abstand

58 Der Badesteg am Südstrand

Badestege ermöglichen Schwimmfreudigen einen direkten Zutritt in tieferes Wasser. Ein langsames Waten auf Zehenspitzen durch die nur graduell tiefer werdende Ostsee bleibt ihnen erspart – am Ende eines Badestegs geht es über eine kleine Leiter in tiefere Gefilde und es kann sofort geschwommen werden. Früher dienten die Stege auch dem Zweck, Badenixen und Wassermänner vor den neugierigen Blicken anderer Strandbesucher zu schützen. Am Ende eines solchen Stegs gab es häufig einen kleinen Verschlag, hinter dem sich entsprechend um- und angekleidet werden konnte.

Heute gibt es diese Scham nicht mehr, Badestege sind, werden sie nicht als Einstieg ins Meer genutzt, häufig gern aufgesuchte kleine Plätzchen – wie hier am Südstrand. Ob man auf einer der hier aufgestellten Bänke Platz nimmt oder auf dem Boden und die Beine baumeln lässt – ein wenig überkommt einen das Gefühl vom Schweben über dem Wasser. Es ist wie eine kleine Auszeit, die man sich ergattert hat. Man hat sich mal mehr, mal weniger weit vom trubeligen Strand entfernt, die Gesichter der Strandbesucher verschwimmen und der weiße Sand wird zur Kulisse für bunte Farbkleckse. Und auch die Geräuschkulisse des gut besuchten Strandes wird weniger, obwohl gar nicht in so großer Ferne.

TIPP

Die Freiluftgalerie Arne Jacobsen am Südstrand erkunden.

Hier wird man zum Beobachter einer Szenerie, von der man eben noch selbst Teil war. Auch die drei Hochhäuser, 1969 vom dänischen Star-Architekten Arne Jacobsen errichtet, wirken wie in die Ferne gerückt, ein wenig unwirklich, so als wären sie gar nicht Teil dieses magischen Augenblicks. Das grün schimmernde Wasser plätschert gegen den Steg und erlaubt hier und da Blicke bis auf den sandigen Meeresboden. Die schnurgerade Linie des Horizonts trennt tiefblaue Ostsee von azurblauem Himmel, nur unterbrochen von dem Glitzern der Wasseroberfläche, wenn Sonnenstrahlen auf sie treffen. Ein kleines Entrücktsein, ein Stück Verbundenheit mit dem Meer und ein klein bisschen Gänsehaut ob dieses wundervollen Augenblicks.

● Promenade am Südstrand, Burgtiefe, 23769 Fehmarn

Der Name ist Programm

59

Im Café Liebevoll & Kulturlabor in Burg

„Hier dürft ihr sein“ – dies verheißt das Café Liebevoll in Burgs Innenstadt seinen Gästen und macht es ihnen denkbar leicht, denn wer würde sich in diesem zauberhaften Ambiente nicht sofort wohl- und genau am richtigen Platz fühlen? Das Café befindet sich in einer ehemaligen Bäckerei, bildschön eingerichtet mit altem Plüschsofa, antiquierten Tischen und Stühlen, detailverliebt dekoriert mit vielen kleinen ganz besonderen Gegenständen, Bildern oder Fotos. Hier betritt man definitiv kein Standard-Café im Einheitslook, es ist ein Wohlfühlort mit einer Prise Zuhause-Empfinden fernab des Durchschnitts. „Wir wollen unseren Gästen die Möglichkeit bieten, sich für ein paar Stunden vom Alltags- und Urlaubsstress zu verabschieden und sich verwöhnen zu lassen.“ Das gelingt dem liebevollen Team sehr gut.

TIPP

Unbedingt auch das aktuelle Veranstaltungsprogramm beachten!

Neben der einzigartigen Atmosphäre tragen 14 ländertypische Früh- und Spätstücksvarianten zum Wohlbefinden bei. Ob skandinavisch mit Lachs und Meerrettich, amerikanisch mit Pancakes und Ahornsirup, fränkisch mit Rührei und Speck oder die Fehmarn-Variante mit Spiegeleiern im Brotmantel mit Himbeer-Chili-Likör – hier findet jeder genau das Richtige für sich. Und auch für Kuchen wird gesorgt. Der täglich ofenfrische glutenfreie Käsekuchen, der Äthiopische Orangen-Mandel-Kuchen und die Polnische Liebe mit Karamell- und Vanillecreme sind die Liebevoll-Klassiker und ebenso legendär wie heiß begehrt.
Aber das Café Liebevoll ist noch viel mehr als das. In der umgebauten Backstube ist mit kleiner Bühne, Klavier und gemütlichen Sesseln ein Kulturtreffpunkt entstanden. Es finden Konzerte und Lesungen, Poetry-Slam, Kabarett, Schauspiel, Diskussionsrunden und Salsa-Abende statt. Der gemütliche Raum wird für Kinoabende und zum Tischfußball genutzt, es werden Flohmärkte und Tauschbörsen veranstaltet. Bis zu 40 Events im Jahr stehen auf dem Programm. Grandios, was das Liebevoll seinen Gästen bietet – ein Ort, der Körper, Geist und vor allem dem Herzen so richtig guttut.

● Café Liebevoll & Kulturlabor, Bahnhofstraße 17, Burg, 23769 Fehmarn, Tel. (0 43 71) 8 89 58 98, www.kulturlabor.biz

IMMUN-
SHOT 3,-
Sea waves surf
FEHMARN

Küste mit Weitsicht

60 Am Strand von Klausdorf

Von Klausdorf aus, einem kleinen, gut 100 Einwohner zählenden Dorf mit hübschem Dorfteich und ländlicher Idylle, sind es nur wenige Kilometer bis zum schönen Naturstrand. Dorthin gelangt man auf zwei Wegen. Der südlichere führt vorbei an den mächtigen Windrädern bis zu einer niedrigen Steilküste. Hier liegt in unmittelbarer Nähe auch der Campingplatz, der Strand ist steinig und durch Buhnen gesichert. Bis ins 16. Jahrhundert gab es in dieser Niederung an der Mündung eines Flusses noch einen Hafen, der allerdings im Laufe der Zeit verlandete. Bei guter Sicht kann man in der Ferne die mächtigen Windräder des Offshore-Windparks Nysted Havmøllepark erspähen.

Einem ausgedehnten Strandspaziergang steht hier nichts im Wege – auf der Suche nach ein paar Strandschätzen, um die Nase eine frische Ostseebrise, und mit jedem Schritt macht sich mehr Gelassenheit breit. Ein wahrer Spaziergang für die Seele.

Der nördlich von Klausdorf verlaufende Weg führt zu einem mit einigen wenigen Strandkörben bestückten Naturstrand. Hier flacht die Steilküste langsam ab und im weiteren Verlauf wird das Ufer von einem Deich geschützt. Ebenfalls ein grandioser Ausgangspunkt für eine Wanderung am Strand oder eine Radtour entlang des Deiches bis zur Marienleuchte.

Glücklich, wer jetzt an einen gut gefüllten Picknickkorb gedacht hat und es sich im Strandkorb oder auf einer Decke am Strand oder auf dem Deich so richtig gemütlich machen kann. Was gibt es Besseres, als sich nach langer Wanderung eine verdiente Pause zu gönnen, sich im Fernblick über die wunderschöne Ostsee zu verlieren und es sich bei ein paar Leckereien – am besten lokal in einem der vielen schönen Hofläden eingekauft – so richtig gut gehen zu lassen? Und wer sich an ein paar Steinen im Wasser nicht stört, kann hier auch einen herrlich entspannten Sommertag am Strand verbringen. Die geringe Wassertiefe und der flach abfallende Strand garantieren stressfreien Planschspaß und jede Menge Abkühlung.

● Strand Klausdorf, 23769 Fehmarn

Grüne Oase

61 Bürgerpark und Senator-Thomsen-Haus in Burg

Eine kleine grüne Oase inmitten der oft trubeligen Altstadt von Burg ist der Bürgerpark direkt hinter dem Senator-Thomsen-Haus in der Breiten Straße 28. Hier können die müden Beine vom Pflastertreten ausruhen, die angestrengten Augen entspannen und die Seele kann bei Vogelgezwitscher im Grünen eine kleine Atempause einlegen. Die alten Linden, Eschen, Buchen und Eichen – mitunter echte Baumriesen, die den kleinen Park umgeben – strahlen etwas Beruhigendes aus. Allen Stürmen haben sie getrotzt, die Zeit überdauert und auch der Efeu, der den ein oder anderen knorzigen Baumstamm umschlingt, kann ihnen nichts anhaben. Fast wie ein kleiner Schutzwall, der diesen Ort der Stille umschließt. Hier kann man so richtig runterfahren. Die Ruhe wird höchstens mal von quietschvergnügtem Kinderlachen durchbrochen, das vom Spielplatz nebenan herüberdringt. Lebensfreude, die ansteckt. Mit einem Lächeln im Gesicht nimmt man nun vielleicht auch die Sonnenstrahlen wahr, die unter der Nase kitzeln, oder die prächtigen Farben des Herbstes, der den Park in ein buntes Blättermeer verwandelt.

Ebenso schön wie der Park ist auch das Haus, hinter dem er sich verbirgt. Das Senator-Thomsen-Haus gehört zu den ältesten Häusern in Burg und wurde 1783 vom Kapitän Jürgen Wohler und dessen Frau errichtet. Vom nächsten Besitzer, dem stellvertretenden Bürgermeister und Lübecker Senator Hans Thomsen, stammt der Name des hübschen weiß getünchten Hauses. Ein Enkel des Senators vermachte es schließlich der Stadt mit der Auflage, es für soziale oder kulturelle Zwecke zu nutzen. Und so finden heute hier im Veranstaltungsraum des Hauses Konzerte, Lesungen, Theateraufführungen und Ausstellungen statt. Auch die Burger Kunsttage werden hier veranstaltet, die inzwischen weit über die Inselgrenzen hinaus bekannt sind. Kultur, Kunst und Natur an einem Platz – eine Verbindung, die man erfinden müsste, gäbe es sie hier in Burg nicht schon.

TIPP

Im Restaurant Doppeleiche nebenan die grandiose fehmarnsche-italienische Küche genießen.

● Bürgerpark und Senator-Thomsen-Haus, Breite Straße 28, Burg, 23769 Fehmarn

Aus einer fernen Zeit

62 Die St.-Jürgen-Kapelle in Burg

Als in den Jahren 1349/50 die Pest das norddeutsche Lübeck erreichte und gut 12.000 Opfer forderte, führte die große Macht- und Hilflosigkeit angesichts dieses Massensterbens zu quasi grenzenloser Frömmigkeit der Menschen und Ehrerbietung gegenüber christlichen Schutzpatronen. Kleinasiatische Mönche hatten als Ursprung dieser furchtbaren Epidemie den giftigen Atem eines feuerspeienden Drachen identifiziert, und dieser konnte nur von einem bezwungen werden: St. Georg, der im Niederdeutschen zum St. Jürgen wurde. Aber St. Georg war nicht nur der Drachenbezwinger, er war auch einer der 14 Nothelfer und erlitt den Märtyrertod für sein ritterliches Eintreten gegenüber Schwachen und Kranken. Holstengraf Adolf hatte in den Jahren nach der Pest angeordnet, dass außerhalb der Städte Aussätzigen- und Pestkapellen samt Siechhäusern errichtet werden sollten – eine davon ist die St.-Jürgen-Kapelle in Burg. Ursprünglich lag sie außerhalb der Stadtgrenze, und dass wir sie heute in ihrer fast vollständig erhaltenen und teilweise wiederhergestellten Pracht bewundern können, ist umfangreichen Restaurierungsarbeiten Anfang des 20. Jahrhunderts zu verdanken.

Zeitweise war die Kapelle als Pferdestall und Waffenkammer genutzt worden – kaum vorstellbar, wenn man heute die grandiosen Decken- und Wandmalereien mit Ranken, Blättern und Blüten sowie Szenen aus der Legende des heiligen Georgs aus dem 15. Jahrhundert bestaunt. Ein wahrer Schatz. Es dauert ein wenig, bis man diese Fülle erfasst – Zeit nehmen sollte man sich dafür aber unbedingt. So kunstvoll ausgeschmückt in monatelanger, wenn nicht jahrelanger Arbeit ist die kleine Kapelle eine echte Schönheit. Der hölzerne Opferstock aus dem 13. Jahrhundert ist das einzige Überbleibsel der Peter-und-Paul-Kapelle, die 1644 zerstört wurde. Hauptaugenmerk der Kapelle liegt neben der reichen Ausschmückung auf der großen St.-Georg-Gruppe: Der reitende Drachenkämpfer rettet die Jungfrau und zu seinen Füßen der besiegte Drache, das Sinnbild des Bösen.

● St.-Jürgen-Kapelle, Kapellenweg 13, Burg, 23769 Fehmarn

Fehmarn für die Ewigkeit

63

Das Atelier Kirsch in Burg

Einzigartige Landschaften ziehen nicht nur Touristen an, auch Künstler lassen sich von grandioser Natur in ihren Bann ziehen und finden hier ihre Inspiration. So geht es auch dem Künstlerehepaar Inge und Gerd R. Kirsch, die bei Wanderungen und Radtouren über die Insel immer neue Anregungen für ihre Bilder finden. Seit 1976 sind sie als freischaffende Künstler auf Fehmarn tätig und arbeiten in einem gemeinsamen offenen Atelier, Besucher sind also ausdrücklich erwünscht. Klönschnack inklusive. Zu sehen gibt es hier einen großen Ausschnitt aus dem künstlerischen Schaffen des Paares: Küstenlandschaften, Häfen, Fehmarn-Motive, aber auch Reisebilder können hier bestaunt werden. In verschiedenen Techniken – von Aquarell bis Zeichnung, Acryl- und Ölmalerei, Ausspreng- und Mischtechniken – bannen sie ihre Lieblingsmotive auf Leinwand, Karton und Papier. Die wunderschönen Werke der beiden sind hier im Atelier auch in verschiedenen Formaten als Kunstdruck, Kunst-Postkarte oder Poster zu haben und mit Sicherheit ganz besondere Andenken für zu Hause.

TIPP

Mit etwas Glück kann man den Künstlern auch direkt in der Natur über die Schulter schauen.

Seit 2013 stehen an ausgewählten Küstenabschnitten von Gerd R. Kirsch geschaffene Figuren-Objekte. Die lebensgroßen menschlichen Silhouetten aus flachem Stahl mit ihren kräftigen Farben fallen schon von Weitem ins Auge. Auf Findlingen montiert, warten sie hier auf den Sonnenaufgang oder auf Ruhesuchende, die sie als Sitzskulptur nutzen. Denn das ist absolut gewollt. Der Künstler hofft, so sagt er, dass viele der Menschen, die hier vorbeikommen, sein Kunstwerk nicht einfach nur betrachten, sondern sich zu den Figuren setzen, den Blick schweifen lassen und vielleicht sogar mit den Stahlfiguren ins Gespräch kommen. Und man sollte wirklich einmal ausprobieren, eine solche Skulptur nicht nur aus der Entfernung auf sich wirken zu lassen, sondern – ganz nach Wunsch des Erschaffers – mit ihr in Kontakt zu treten. Sich dazuzusetzen, ein wenig abzuwarten und wenn man nicht ins Gespräch kommt, kann man ja auch einfach gemeinsam schweigen.

● Atelier Kirsch, Osterstraße 13, Burg, 23769 Fehmarn
www.fehmarn-atelier-kirsch.de

Gesunde Snacks am Deich

64

In Elli's Snackeria in Gollendorf

Eine chillige Location im sprichwörtlichen Nirgendwo zwischen Lemkenhafen und Orth, direkt am Gollendorfer Deich. Gesund genießen in herrlicher Ruhe vor pittoresker Kulisse – bei Wind mit Blick auf zahllose Surf-Kites. Wem jetzt das Elli's einfällt, der liegt genau richtig. Ein Besuch der kleinen Snackeria, die Christin Schreiber – in ihrer Kindheit mit dem Spitznamen Elli versehen – seit 2017 hier mit viel Herzblut betreibt, ist ein absolutes Muss! Wenige Innen- und schöne Außenplätze laden in lockerer Atmosphäre zu entspanntem Snacken ein – und dabei tut man sich nicht nur aufgrund der Lage etwas Gutes! Denn oberstes Gebot der Küche ist es, Gesundes auf die Teller der Gäste zu zaubern. Aus Überzeugung wird sich für ökologisch erzeugte Lebensmittel eingesetzt und man verwendet so viele Zutaten wie möglich aus entsprechendem Anbau und fairem Handel. Alles wird nach eigenen Rezepturen und mit naturbelassenen vollwertigen Lebensmitteln selbst gekocht und gebacken. Davon profitieren vor allem die Gäste, denn gesunde Zutaten liefern besseren Geschmack und ein gutes Gewissen.

TIPP

Geniales Ziel auf einer ausgedehnten Radtour – Tourenvorschläge beim Tourismus-Service Fehmarn.

Zur Auswahl stehen leckere Bowls, große Salatteller in verschiedenen Variationen, aber immer mit selbst gebackenem Bio-Naan-Brot aus Bio-Dinkelmehl, knusprige Flammkuchen herzhaft, vegetarisch und vegan sowie wechselnde saisonale Tagesgerichte am Wochenende. Experimentierfreude und Lust auf neue Kreationen lebt die Küche auch bei der Herstellung ihrer kleinen süßen Sünden aus. Das immer wechselnde Angebot kann zum Beispiel Möhrenkuchen, New York Cheesecake mit Salzkaramell oder Mango-Kiwi-Kuchen umfassen. Es gibt aber auch Raw Cakes – cremige Vollwertkuchen aus einer Vielfalt von Bio-Cashews, Mandeln und Datteln – in Sorten wie Erdbeer-Schoko, Heidelbeere oder Limette-Kokos oder das 100 Prozent Bio Nice Eis am Stiel oder in der Quetschtüte. Auch die Getränkekarte ist groß und vielseitig, sodass es ebenfalls lohnt, nur auf ein Gläschen vorbeizuschauen.

● Elli's Snackeria, Gollendorf 90, Gollendorf, 23769 Fehmarn,
Tel. (0 43 72) 8 06 05 55, www.ellissnackeria.de

Die Schöne im Fortadorf

65

St.-Johannis-Kirche in Bannesdorf

Der gedrungene hölzerne Glockenturm der St.-Johannis-Kirche in Bannesdorf ragt nur gerade eben so über das Dach des Gotteshauses, das im 13. Jahrhundert errichtet wurde und im Grundriss dem Ratzeburger Dom nachempfunden ist. Ursprünglich war die gesamte Kirche vermutlich aus Feldsteinen errichtet, heute erscheint sie bis auf die Westseite im Backsteinkleid. Der schlichte Holzturm selbst wurde St. Johannis erst 1701 hinzugefügt, er beherbergt das viertälteste Geläut Schleswig-Holsteins – ein kleiner Schatz von 1511.
Im Inneren ist die Kirche eher schlicht gehalten. Im quadratischen Backsteinchor sind noch Reste spätgotischer Wandmalereien zu erkennen und überhaupt bilden der Backstein im Chor, die weiß gekalkten Wände des Kirchenschiffs und die in Blau und Grau gehaltenen Kirchenbänke ein harmonisches, warmes Gesamtbild. Man fühlt sich sofort wohl in der kleinsten der historischen Kirchen der Insel.
Ins Auge fallen die drei reich verzierten Logen an der Nordwand der Kirche. Sie stammen aus dem 18. Jahrhundert und verfügten jeweils über einen eigenen Eingang. Getrennt vom „gemeinen Volk“ waren diese Logen den angesehensten Bannesdorfer Familien vorbehalten und da die Logen auch untereinander verbunden waren, hatten sich die Familienmitglieder womöglich auch während des Gottesdienstes das ein oder andere zu erzählen.
Bannesdorf bietet auch heute noch Gesprächsstoff. Die Form des Dorfes deutet auf ein typisches fehmarnsches Fortadorf hin, dessen Kern ein rechteckiger Dorfplatz samt Dorfanger bildete. Aber die Siedlungsgeschichte reicht viel weiter als ins Mittelalter zurück, Funde deuten sowohl auf ein großes Hünengrab als auch auf eine Thingstätte hin, die es hier vor langer Zeit gegeben hat. Die Friedenspappel, die in Bannesdorf vor dem Dorfkrug gestanden hat, fiel vor einigen Jahren einem Blitzschlag zum Opfer. Die Pappel soll, so erzählt man sich, in den Jahren 1871, 1918 und 1945 jeweils zum Kriegsende aufgeblüht sein und hat so ihren Namen bekommen.

● St.-Johannis-Kirche, Bürgermeister-Scheffler-Straße 18, Bannesdorf, 23769 Fehmarn

Auf Kopfsteinpflaster

66 Ein Bummel durch die Altstadt von Burg

Im Erdbuch König Waldemars II., das Besitzungen und Einkünfte des dänischen Königs verzeichnet, taucht „Borch up Vemere" im Jahr 1202 erstmals auf. Fast vier Jahrhunderte später wird Burg erstmalig neuhochdeutsch als „Burgk uff Femern" bezeichnet. Hier in Burg liefen und laufen alle Wege zusammen, es ist schon seit jeher der lebendige Mittelpunkt und Pulsschlag der Insel. Heute ist Burg vor allem ein Touristenort, der sich aber vielerorts seinen alten Charme bewahren konnte. Idealerweise besucht man Burg am frühen Vormittag oder wenn das Wetter die meisten Menschen an den Strand zieht. Erkundet werden kann der Ort mit seinem oftmals groben Kopfsteinpflaster am besten zu Fuß.

Auf der Hauptstraße, der Breiten Straße, fällt einem sofort etwas Ungewöhnliches ins Auge: Die schmucke Häuserreihe auf der einen Seite steht auf Höhe der Straße, während die hübschen, eng aneinandergereihten Häuser auf der anderen Seite – Restaurants mit Außenterrassen, Boutiquen und kleine Läden – viel höher liegen, fast so, als ständen sie auf einem Deich. Rund um den historischen Marktplatz und in den anliegenden kleinen Gassen liegen etliche kleinere Cafés und Restaurants – ideal für eine kleine Pause.

TIPP

Vor allem zur Blüte der Stockrosen durch die kleine Gasse Badstaven bummeln!

Auf dem Marktplatz finden neben dem Wochenmarkt am Mittwoch das ganze Jahr über viele verschiedene Veranstaltungen statt: vom Weinfest und Johannimarkt bis zum Bikertreff und den nordisch angehauchten Weihnachtswochen. Hier befindet sich auch das Rathaus, ein wahres Schmuckstück aus rotem Backstein, kleinen Türmchen und Holzverzierungen. Aber auch ins Innere sollte man mal einen Blick werfen: Die hohe Wartehalle mit den originalen hölzernen Wandbänken ist ebenso wie der historische Sitzungssaal aus der Zeit gefallen und ein echter Hingucker. Ein Bummel durch Burg sollte unbedingt auch die kleinen Stichstraßen und mit Blumen gesäumten Wege vorbei an historischen Fachwerkhäuschen einschließen – manchmal wie ein kleiner Blick in frühere Zeiten und auf jeden Fall immer zum Verlieben.

● Burg, 23769 Fehmarn

Fisch-
Brötchen
Fischbrötchen
Matjes 3.80
Bismarck 3.80
Frikadelle 3.90
Backfisch 5.80
Nordseekrabben 6.90
Lachsersatz 3.90
Thunfisch 4.30
Schrimps 4.30
Bratrolli 4.30
Räucherlachs 4.90
Calamaris 6.50
Fish & Chips 7.90
Fisch
& Chips
Kibbelinge
und
Pommes

Kultiger Beutel

67

Im Allee-Café in Katharinenhof

Unmittelbar an der schönen Lindenallee, die im Osten Fehmarns nach Katharinenhof hineinführt, liegt das Allee-Café. Es warten auf Besucher lauschige Plätzchen im kleinen Cafégarten oder in einer sorgsam umgebauten Scheune, in der sich ein liebevoll dekorierter Gastraum befindet. Ein wohliges Ambiente.

Ebenfalls wichtig: Hier muss niemand hungrig wieder gehen, denn das Angebot ist groß. Neben hausgebackenem Kuchen und einer Auswahl an Torten, die auch sowohl gluten- als auch laktosefrei angeboten werden, gibt es ebenso kleine herzhafte Gerichte wie Bauern-Omelette, Suppen, Ofenkartoffeln oder Käse-, Wurst- oder Schinkenbrot à la Katharinenhof. Einmal die Woche zaubert die Chefin ein deftiges Gericht aus der Landküche auf die Teller ihrer Gäste. Am Wochenende ist das große Frühstücksbüfett sehr beliebt – es heißt also, sich rechtzeitig auf den Weg zu machen. Aus dem kleinen Hofladen-Angebot können Käse, Wurst, Marmelade, Honig, Wein und diverse Geschenkartikel für zu Hause mitgenommen werden.

Geradezu Kultstatus erlangt das Allee-Café allerdings durch etwas ganz anderes: Windbeutel. Die seit mindestens 400 Jahren in Deutschland bekannten Teilchen werden aus Brandteig hergestellt. Während des Backens entsteht im Inneren durch Wasserdampf, der nicht durch die Kruste kann, ein Hohlraum. Den gilt es jedoch schnellst- und vor allem leckerstmöglich zu füllen: Sahne und Beeren, Vanillecreme, Himbeer-Quark, aber auch deftig mit Frischkäse und Lachs. Im Allee-Café verstehen sie jedenfalls viel von köstlichsten Füllungen – egal ob süß oder herzhaft. Und hier möchte man wirklich niemanden hungrig gehen lassen. Die Windbeutel sind so riesig, dass einem die Augen übergehen. Und prall gefüllt mit sahnig-cremig Süßem oder rustikal Pikantem sind sie einfach zum Niederknien. Apropos niederknien: Kniebeugen sind gar keine schlechte Idee nach dem Verzehr eines solchen Kult-Windbeutels. Dann schafft man am nächsten Tag vielleicht noch einen.

TIPP

Wie wäre es nach so viel Schlemmerei mit einer Partie Adventure-Golf im benachbarten Meeschendorf?

● Allee-Café, Katharinenhof 3, Katharinenhof, 23769 Fehmarn, Tel. (0 43 71) 50 38 38
www.alleecafe-katharinenhof.de

Spaghetti
mit
Tomaten-
Sause
6,30€
oder
Bolognese
8.90€
Allee-Café
Katharinenhof

Alt neben Neu

68 Die Burgruine Glambeck

Im Schatten der drei Hochhäuser des IFA-Hotels und Ferienzentrums, auf der Rückseite der belebten Südstrandpromenade, liegt, ein bisschen aus dem Fokus geraten, einer der historisch bedeutsamsten Orte Fehmarns: die Burgruine Glambeck. Auch wenn heute nur noch Bruchstücke der einst durchaus imposanten Burg zu sehen sind, sollte man sich die Zeit nehmen und diesen kleinen Abstecher auf historisches Gelände wagen. Und mit ein bisschen Fantasie kann man sich, vielleicht im Schatten unter dem Baum inmitten der Anlage sitzend, ausmalen, wie es hier wohl einmal ausgesehen haben mag.

Die Burg war 36 Meter breit und immerhin 53 Meter lang, umgeben war sie von einer dicken Mauer. Zwei Wehrtürme, ein Wassergraben, Zugbrücke und Fallgitter sollten die Burg vor Angreifern schützen. Der dänische König Waldemar II. war es, der Glambeck errichten ließ. Sein Amtsverwalter sollte von hier aus die Schiffsrouten kontrollieren und vor allem die Abgaben an den König eintreiben. Doch im Laufe der jahrhundertelangen Auseinandersetzungen zwischen dem Königreich Dänemark und den Fürsten Holsteins kam es hier mehrfach zu heftigen Kämpfen um die Burg – und damit um die Vorherrschaft auf Fehmarn. 1426 bat Adolf VIII., Graf von Holstein, die Vitalienbrüder um Hilfe bei der Rückeroberung der stark befestigten Burg Glambeck. Während des Dreißigjährigen Krieges wurde die Burg schließlich gänzlich zerstört. Die Steine, aus denen die Burg errichtet worden war, wurden abgetragen und teilweise als Baumaterial überall auf der Insel benutzt. Letzte Reste der Burg verschwanden im Laufe der Zeit unter Flugsand und wurden erst bei einer Sturmflut 1872 wieder freigespült.

Was für ein geschichtsträchtiger Ort – belagert, umkämpft von Königen, Herzögen und Vitalienbrüdern! Vielleicht gelingt es ja, hier unter dem Baum sitzend, den kleinen historischen Film vor dem geistigen Auge abzuspielen. Und dann den Zauber dieses Ortes, der ihn trotz aller Widrigkeiten umhüllt, zu spüren.

TIPP

Eine Erfrischung aus der nahe gelegenen Quarkeria ist im Anschluss genau das Richtige.

● Burgruine Glambeck, Südstrandpromenade 1011, Burgtiefe, 23769 Fehmarn

Cooles Lebensgefühl

69 Das Bulli-Hotel des Ahoi Camps in Altenteil

Einen fast legendären Ruf genießt das Ahoi Camp in Altenteil bei Surfern und Kitern, denn es gilt als einer der besten Surf-Spots an der deutschen Ostseeküste. Das Camp liegt besonders idyllisch umgeben von Naturschutzgebieten in unmittelbarer Nähe zu Meer, Strand und Dünen und ist nicht nur bei Wassersportlern, sondern vor allem auch bei allen, die naturnahes Campen mögen, beliebt. Und manch einer träumt vielleicht davon, ein paar Tage im coolen Bulli zu wohnen. In erster Reihe am Strand mit exklusivem Meerblick über eine niedrige Grasdüne. Direkt neben der lässigen Surferszene, von der ein wenig des Lebensgefühls zu einem rüberschwappt, auch wenn man selbst gar kein Wassersportler ist.

Morgens vom Meeresrauschen sanft geweckt werden und direkt mit dem ersten Becher Kaffee zum Strand gehen, der nur ein paar Schritte entfernt ist. Das Leben auf engstem Raum genießen, sich neu organisieren, nur das absolut Nötigste dabeihaben – back to the roots. Lange Spaziergänge am Strand unternehmen, die unerschrockenen Kiter und kühnen Surfer bestaunen oder sich selbst aufs Brett wagen, völlig frei und ungezwungen im Liegestuhl vor dem Bulli sitzen und sich des Lebens freuen. Später vielleicht noch zum Lagerfeuer an den Strand oder sich eine Dose Ravioli warm machen – auch hier heißt es jetzt weniger ist mehr – und dann auf dem Klappstuhl vor dem Bulli die hereinziehende Nacht beobachten und jeden einzelnen Stern, der am Himmel auftaucht, feiern.

TIPP

Das Steinlabyrinth direkt am Strand befindet sich in unmittelbarer Nähe.

Großartig, dass man den passenden Camper nicht mal selbst besitzen muss, denn auf dem Ahoi Camp kann man sich ins Bulli-Hotel einmieten. Sechs neue Modelle des VW T6 California stehen hier voll ausgestattet und in bester Strandlage oder für alle, die es etwas ruhiger mögen, am Binnensee für Übernachtungsgäste bereit. Grandioses Vanlife-Feeling in bestem Surfer-Ambiente, wie man es sich vielleicht schon immer mal erträumt hat. Hier kann man sich in Gelassenheit und cooler Lebensart ausprobieren – und das auch noch in einer traumhaft schönen Landschaft. Einfach machen!

● Bulli-Hotel, Ahoi Camp Fehmarn, Altenteil 21, Altenteil, 23769 Fehmarn
www.ahoi-camp-fehmarn.de/bulli-hotel

Butter bei die Fische!

70 In der Aalkate in Lemkenhafen

Kein Fischfan kommt an der Aalkate in Lemkenhafen vorbei, ohne mindestens einmal dort eingekehrt zu sein. Die Räucherfischspezialitäten und hausgemachten Marinaden sind echte Klassiker und nicht nur bei Gästen, sondern auch bei Einheimischen sehr beliebt. Seit der Erweiterung des Angebots um warme Gerichte hat sich die Aalkate zum wahren Hotspot für Genießer entwickelt. Kristian Sejrbo hat das Fischrestaurant 2013 von seiner Mutter übernommen und seitdem nicht nur das Speiseangebot stetig erweitert, sondern auch den Außenbereich überdacht und ein neues Bootshaus im Industriestil errichtet. Außerdem wurden die historischen Räumlichkeiten innen mit den jahrhundertealten Gerätschaften rund um Aal- und Fischfang komplett neu gestaltet – fast wie ein kleines Spezial-Museum. Der schöne Garten liegt direkt an der Ostsee – was für ein Ambiente! Hier befindet sich auch die Grillküche, in der Leckereien direkt vor den Augen der Gäste zubereitet werden. Variable Glasfronten machen wetterunabhängig und so kann ohne ständig prüfenden Blick gen Himmel entspannt geschlemmt werden.

Wer jetzt Lust bekommen hat, sich zur Aalkate aufzumachen, dem seien noch ein paar Appetitanreger mit auf den Weg gegeben. Alles in diesem urig angesagten Restaurant wird frisch zubereitet. Absolute Dauerbrenner hier sind Klassiker wie Dorsch in Senfsauce oder auf der Haut gebratener Lachs. Aber auch die Bouillabaisse Marseiller Art, gebratene Gambas, Dorsch im Mandel-Parmesan-Mantel oder Thunfisch in Sashimi-Qualität mit Sesamkruste erfreuen sich größter Beliebtheit. Nicht zu vergessen der Ostsee-Aal und kalt geräucherter Fjordlachs sowie die Aalkate-typischen Matjesvarianten „Edel", „Kräuter" und „Aalrauch". Fischbrötchen und diverse Fischsalate gibt es darüber hinaus ebenso wie vegetarische Gerichte oder etwas für Fleisch-Fans. Kein Liebhaber wirklich guten Essens geht hier hungrig nach Hause – sondern satt und beseelt von bestem Geschmack, liebevoller Atmosphäre und einem grandiosen Ambiente.

● Aalkate Lemkenhafen, Königstraße 20–22, Lemkenhafen, 23769 Fehmarn, Tel. (0 43 72) 5 32, www.aalkate.com

Love, Peace & Dauerregen

71 Der Jimi-Hendrix-Gedenkstein in Flügge

Für Musikfans ist der rund 2,5 Meter hohe Findling eine Art Pilgerstätte. Der gut 6,5 Tonnen schwere Stein ist verziert mit Fender-Gitarre und Inschrift und steht auf einer Wiese am Westufer Fehmarns in der Nähe des Flügger Campingplatzes. Keine 100 Meter vom Meer und, so sagt man, nur wenige Meter vom damaligen Standort der Bühne des Love & Peace Festivals entfernt, das im Jahre 1970 hier stattfand. Nur ein Jahr nach Woodstock wollte man auch in Norddeutschland Musikgeschichte schreiben. Die Messlatte lag hoch nach Festivals in Monterey, Altamont, Isle of Wight und allen voran natürlich in Woodstock. Alles, was Rang und Namen hatte, wurde eingeladen und so standen Namen wie Canned Heat, Mungo Jerry, Sly and The Family Stone und Jimi Hendrix auf der Liste. Neben Joan Baez gab es zwar noch einige andere, die der Einladung nicht folgten, trotzdem hatte es ein Musikfestival dieser Größenordnung in Deutschland so noch nicht gegeben. Es sollte ein riesiges Love-&-Peace-Happening werden, Tausende Hippies folgten dem Ruf nach Fehmarn und letztlich sollen es rund 25.000 Menschen gewesen sein, die sich vom 4. bis 6. September auf den Wiesen nahe dem Flügger Leuchtturm eingefunden hatten, um ihren Ikonen zu huldigen.

Was nicht klappte, war in vielen Teilen angesichts eklatanter Fehlplanungen die Organisation des Festivals. Und was nicht mitspielte, war das Wetter. Auf dem als Sonneninsel bekannten Fehmarn setzte Dauerregen ein und ließ Flower-Power im Schlamm versinken. Auch der zunehmende Wind machte es dem Festival schwer: Die angebrachten Verstärkerboxen waren für die Größe des Festivals nicht ausreichend und mit zunehmendem Wind wurde die Musik für das Publikum förmlich zerfetzt. Einen geradezu magischen Moment erlebten die Besucher aber am Sonntagmittag, als endlich Jimi Hendrix auf die Bühne trat. In diesem Moment hörte es nach zweieinhalb Tagen Sturm und Dauerregen auf zu regnen und die Wolkendecke brach auf. Sonnenstrahlen! Für manche war es wie ein Fingerzeig des Himmels.

● Jimi-Hendrix-Gedenkstein, Flügge 2, Flügge, 23769 Fehmarn

Jimi Hendrix

Fehmarns kleine Karibik

72 Der Nehrungshaken Wulfener Hals

Etwas Karibik-Feeling gefällig? Dann nichts wie los zum Wulfener Hals! Der Nehrungshaken im Südosten der Insel liegt nur knapp 1 Kilometer vom namensgebenden Ort Wulfen entfernt und ist bestens zu Fuß erreichbar. Die schmale Landzunge wird auf der einen Seite vom Burger Binnensee, der am Rand ziemlich flach ist, auf der anderen von der offenen Ostsee begrenzt. Besucher erwartet ein feinsandiger Strand, der keine Wünsche offenlässt. Sonnenanbeter und Badefreunde können sich hier auf einen schönen Strandtag freuen. Aber auch bei Wassersportlern ist der Wulfener Hals besonders beliebt. Die Flachwasserzone um den Nehrungshaken herum ist optimales Stehrevier und vor allem der Binnensee ist geradezu perfekt für Anfänger.

Damit auch die Schifffahrt zum gegenüberliegenden Hafen Burgstaaken weiterhin unbeeinträchtigt funktioniert, muss Sorge dafür getragen werden, dass der Wulfener Hals nicht weiterwächst. Baggerschiffe sorgen dafür, dass die Fahrrinne vom Hafen nicht versandet, und halten sie regelmäßig frei. Interessant, dabei zuzuschauen!

TIPP

Tauchkurse und Wracktauchen sind an der Ostseebasis Fehmarn möglich.

Aber auch ohne dieses Spektakel ist der Ausblick fantastisch. Diese grandiose Landschaft! Der Blick auf die Ostsee, auf den Binnensee und bis nach Burgstaaken hinüber – dazu die Unermüdlichen, die hier auf dem Wasser ihrer Leidenschaft nachgehen und dem Blau weiße und bunte Farbtupfer verleihen. Herrlich, sich hier niederzulassen, die Füße im Sand, Sonnenstrahlen im Gesicht, und einfach den Blick schweifen zu lassen.

Apropos Blick schweifen lassen: Das geht auch besonders gut vom direkt an der Steilküste gelegenen Aussichtspunkt Wulfener Berg. Mit seinen 26,5 Metern ist er der zweithöchste Berg Fehmarns, und das reicht auf der eher flachen Insel schon aus, um alle Wanderer und „Bergsteiger" mit einem grandiosen Ausblick zu belohnen. In der Kiesgrube am Fuße des Wulfener Berges wurde vor etlichen Jahren Kies für den Damm der Fehmarnsundbrücke abgebaut – heute ist sie im Winter, wenn ausreichend Schnee gefallen ist, Fehmarns beste Rodelpiste.

● Nehrungshaken Wulfener Hals, Naturgebiet am Ende des Wulfener-Hals-Weges, Wulfen, 23769 Fehmarn

Cocktails & Lagerfeuer

73 Die Strandbar Strukkamp

Leckere Cocktails mit freiem Blick auf die Orther Reede und Ostsee gibt es in der Strandbar in Strukkamp. Ab dem Nachmittag öffnet die Bar, die in einem umgebauten Seecontainer untergebracht ist, ihre Klappen und heißt die ersten Gäste willkommen. Camper lieben die coole Bar genauso wie Surfer und Tagesgäste, die es sich nicht nehmen lassen wollen, einem der lässigsten Orte der Insel einen Besuch abzustatten. Den Blick in die Ferne über das Meer gerichtet, lässt es sich hier direkt am Strand hervorragend entspannen. Rustikale Holzmöbel, viele kleine Lichter und Lichterketten, dazu relaxte Musik. Eine großartige Location, die vor allem zum Sonnenuntergang ein heiß begehrter Treffpunkt ist.

Dann mit einem Ostsee-Caipi, einem milden Rübenschnaps und braunem Zucker aus Zuckerrüben, einer Deichschorle – hausgemachtem Holundersirup mit Secco und Rübenbrand – oder einem Andalo Tonic mit Sanddorn-Likör hier die Farben über dem Meer anzuhimmeln, hat wirklich Klasse. Bei einem Glas einer alkoholfreien Variante oder Eistee und Limo ist der Sonnenuntergang natürlich nicht minder schön, das ist ja klar! Mit viel Glück gibt es auch noch ein Lagerfeuer am Strand und dazu Livemusik. Das nennt man dann wohl einen perfekten Abend am Strand.

Für kältere Tage empfehlen sich dicke Jacke, Mütze und eine Decke um die Beine. Dazu einen Dark & Stormy mit dunklem Rum, Limette und Ginger Beer, heißen Kakao, Pharisäer, eine Tote Tante, einen heißen Caipi oder einen Glühgin gegen die Kälte. Wärme erzeugen aber nicht nur die heißen Getränke. Denn wenn die Sonne untergegangen ist, sich langsam die Dunkelheit über den Strand von Strukkamp legt, das Lagerfeuer knistert und die Lichter der Strandbar funkeln, dann spätestens ist die Gefahr, sich in diesen fantastischen Ort zu verlieben, am allergrößten. Und dann macht sich dieses wohligwarme Gefühl im Bauch breit, das man nicht so schnell wieder vergisst und im besten Falle sogar mit nach Hause nimmt.

● Strandbar Strukkamp, Strukkamp 100, Strukkamp, 23769 Fehmarn

Strandbar
STRUKKAMP
est. 2011
Fehmarn
PACKEIS
PACKEIS
Softe Drinks
VIVA CON AGUA
EISTEE (HAUSGEMACHT)
0,33L
0,7L
Bier
0,33L
ASTRA
FLENSBURGER
WEIZEN
DESPERADOS
Kurze
2 CL
MEXIKANER
BERLINER LUFT
JÄGERMEISTER, TEQUILA, OUZO, SAMBUCA
Cocktails
CAIPIRINHA
PLANTERS PUNCH
TEQUILA SUNRISE
CAPRI ISLAND
MOJITO
PINA COLADA
SOLERO SUNSET
PINK LADY
SWIMMING POOL
SEX ON THE BEACH
KAFFEEGETRÄNKE
LATTE MACCHIATO
FLAT WHITE
MIT KNÖF
TOTE TANTE

Von Surfern und Schafen

74

Spaziergang entlang der Orther Reede

Eine kleine Wanderung entlang der Orther Reede ist ein einzigartiges Naturerlebnis. Die könnte zum Beispiel von Orth bis in das rund 2,5 Kilometer entfernte Lemkenhafen führen. Immer auf dem Deich entlang mit Blick auf die glitzernde Meeresbucht, die aufgrund ihres flachen Gewässers besonders bei Surfanfängern beliebt ist. In der Regel ist hier immer was los und es gibt genügend bunte Segel, die übers Wasser flitzend bestaunt werden können.

Orientiert man sich von Orth aus in die andere Richtung, gelangt man zum Flügger Leuchtturm. Vom hoch gelegenen Deichweg aus hat man einen hervorragenden Blick über das gesamte Gebiet, das größtenteils Naturschutzgebiet ist. Auf der rechten Seite von Schilf durchwachsene Salzwiesen und die Sulsdorfer Wiek zwischen Orth und Sulsdorf – eine ehemalige Meeresbucht, die nach der großen Sturmflut von 1872 eingedeicht wurde und bis in die 1970er-Jahre teichwirtschaftlich genutzt wurde. Heute ist das Gebiet umrahmt von einem breiten Schilfgürtel und Brutgebiet für unzählige Vögel. Auf der anderen Seite das Meer – auch hier durch die geringe Wassertiefe ideales Surfrevier und vor allem bei Anfängern beliebt. Gleich zu Beginn der Wanderung gen Westen kann man den Bemühungen der Surfschüler zusehen – oder es doch einmal selbst ausprobieren?

TIPP

Eine kleine Stärkung gibt's am Hafen Imbiss Kap Orth.

Den Deichweg muss man sich, geht man zu ungewöhnlichen Zeiten los, zumindest mit etlichen Schafen teilen, deren Terrain man hier betritt. Eine großartige Kulisse: die Tiere am Deich vor dem glitzernden Wasser samt dem im Hintergrund stehenden Flügger Leuchtturm und im äußersten Südwesten der Nehrungshaken Krummsteert, entstanden durch Abtragungs- und Ablagerungsprozesse und weiterhin ständigen Veränderungen und Wachstum ausgesetzt. Das Naturschutzgebiet Krummsteert-Sulsdorfer Wiek darf nicht betreten werden, ist aber auch aus der Ferne ein echtes Natur-Highlight. Ein kleines, aber feines und vor allem ruhiges Naturerlebnis, das Besuchern vor Augen führt, dass auch in den kleinen Dingen großes Glück liegen kann.

Orther Reede, An Diek, Orth, 23769 Fehmarn

Flüssiges vom Knust

75 KNUST-Braumanufaktur in Avendorf

Die schönste Brauerei des Nordens steht in Avendorf – so heißt es zumindest unter Kennern. Gemeint ist die KNUST-Braumanufaktur, die hier auf Fehmarn feinstes Craftbier produziert. Gesetzt wird dabei auf ökologisch nachhaltige Energie aus eigener Biogaswärme und Photovoltaik. Im Außenbereich oder im urigen Gastraum der Brauerei – alle Möbel sind Marke Eigenbau aus recyceltem Holz – können Besucher ganz rustikal bei Salzstangen und Pfefferbeißern ausgiebig alle Sorten der kleinen Manufaktur testen. Und die Auswahl ist groß – immer liebevoll gebraut mit den besten Zutaten und einer Prise Humor, wie die Besitzer und Craft-Braumeister Kerstin und Jonathan hervorheben. „Mit der Liebe zu Handwerk, Rohstoffen und der Verbundenheit zu unserer schönen Sonneninsel entstehen so ganz besonders authentische Biere", sagen sie. Und das schmeckt man auch – norddeutsche Lebensfreude pur!

TIPP

Auf der gemütlichen Terrasse oder im Vorgarten einen genialen Abend verbringen.

Vielleicht steht Besuchern der ersten Craftbier-Brauerei Fehmarns der Sinn nach einem Weizen, dem perfekten Durstlöscher in der warmen Jahreszeit, oder eher doch nach einem durch und durch norddeutschen, unkomplizierten Pils? Auch die kleine Schwester vom Pils, das Strandlager, nicht so herb und mit etwas weniger Alkohol, klingt verführerisch. Oder man lässt sich vom Inselpale zurückversetzen an einen schönen Sommertag, mit fruchtiger Note von Maracuja, Mango und Zitrus. Um anschließend das Sunset zu probieren, angenehm mild und so rot-gold wie ein Sonnenuntergang auf dem Knust. In der dunklen Jahreszeit sei das Brown Ale empfohlen, dunkel und mit feinen Kaffeearomen. Wer tiefer in die Materie einsteigen will, kann sich bei einer Besichtigung vom Braumeister persönlich durch alle Bereiche der Brauerei führen lassen, ein Biertasting dazubuchen oder gleich bei einem Braukurs den kompletten Bier-Wissens-Durst stillen. Egal in welchem Umfang, probieren sollte man dieses leckere Gebräu auf jeden Fall und am besten gleich auch noch aus dem hauseigenen Shop für zu Hause ein paar flüssige Erinnerungen mitnehmen.

● KNUST-Braumanufaktur GmbH & Co KG, Sundstraat 33, Avendorf, 23769 Fehmarn, Tel. (0 43 71) 86 46 05, www.knustbier.de

Moin Moin
SPARE WASSE
trinke Bie
Immer eine
gute Idee!
KNUST
KNUS
BRAUMANUFAKTUR FEHMARN
Der Regent
3€
HAPPY
BEER-TH DAY
ZURÜCK IN DAS JAHR 2020
BEER
STYLES AROUND THE WORLD
SUNSET ALE
PALE ALE
MALÖÖR

Sitzen mit Mehrwert

76

Die Feldsofas der Insel

Es sind nicht einfach nur gewöhnliche Sitzbänke, die an einigen der schönsten Plätze der Insel stehen. Es sind echte kleine Wohlfühloasen, diese Feldsofas, die zwar nicht weich sind, wie man es von einem Sofa zu Hause kennt, trotzdem aber so ein Wohlgefühl in einem aufkommen lassen, dass die Bezeichnung Sofa genau passt. Es handelt sich um geschwungene Holzbänke, die so bequem sind, dass man am liebsten einfach hier sitzen bleiben würde. Herrlich, sich auf einem Feldsofa entspannt zurückzulehnen und nicht nur sprichwörtlich einfach mal die Füße hochzulegen – und das kann man sogar meist zu zweit oder mit der gesamten Familie. Dass die Feldsofas fast immer an besonders schönen Aussichtspunkten aufgestellt wurden, macht sie nur noch attraktiver. Freie Sicht auf die Ostsee ist auf Feldsofas oft inklusive. Manchmal sind die Sitzgelegenheiten auch komplett drehbar – wer möchte, kann also auch den Blick auf Deich und Felder genießen. Da sich die Sofas aber immer ein wenig in der Form und vor allem auch in der Größe unterscheiden, ist es spannend, auf was für ein Exemplar man wohl als Nächstes trifft. Im Hafen von Burgtiefe und auch am Ortsrand von Lemkenhafen gibt es jeweils ein Feldsofa im XXL-Format. In Lemkenhafen kann man die fantastische Aussicht auf die Orther Reede gemeinsam mit mindestens zehn Mitgenießern erleben – zum Sonnenuntergang hat das noch mal seinen ganz besonderen Reiz.

Auch als besonders komfortabler Rastplatz auf einer Fahrradtour kommen die über die ganze Insel verstreuten Feldsofas gerade recht. Die ausgeschilderten Radwege auf Fehmarn umfassen eine Gesamtstrecke von gut 300 Kilometern, es geht über die gesamte Insel, durch idyllische Dörfer, weite Felder und Wiesen und oft direkt an der Küste entlang auf dem Deich oder auf Schotterwegen. Da können, besonders bei Gegenwind, die Beine schon mal ganz schön schwer werden und nach einer kleinen Rast verlangen. Und ein Feldsofa ist dann mehr als willkommen – Platz nehmen und genießen!

TIPP

Inselweiter Fahrradverleih bei Sunny.Bike mit Stationen in Burg und Meeschendorf.

● Feldsofas, an verschiedenen Orten auf der Insel, beispielsweise am Westermarkelsdorfer Strand, 23769 Fehmarn

FEHMARN
im meer mittendrin.

Die Sicht des Malers

77 Ernst Ludwig Kirchner-Dokumentation in Burg

Die Schönheit der Insel Fehmarn mit ihrer rauen Küste und seichten Stränden, ihren pittoresken Dörfern, der hügeligen Landschaft und den ganz besonderen Lichtverhältnissen zieht viele Besucher in ihren Bann, macht sie zu Urlaubs-Wiederholungstätern. Und genau so erging es auch einem der wichtigsten Vertreter des Expressionismus, dem deutschen Maler und Gründungsmitglied der Künstlergruppe „Die Brücke", Ernst Ludwig Kirchner.

Kirchner verbrachte insgesamt vier Sommer auf der Insel in der Ostsee, er war fasziniert vom Licht, der dramatischen unberührten Natur, der Ruhe und der Ursprünglichkeit des Lebens hier. Fehmarn nannte er „sein Paradies", das er im krassen Kontrast zum städtischen Leben wahrnahm. Drei der vier Sommeraufenthalte verlebte er bei der Familie des Leuchtturmwärters in Staberhuk. Die Harmonie, die er hier mit der Familie, Künstler-Freunden und der Natur am Staberhuk erlebte, fasste er in einem Ausruf zusammen, den er mit weit ausgebreiteten Armen am Strand rief: „Oh, Staberhuk, wie bist du herrlich, ein Glück im Winkel friedlich schön!" Und zwar so oft, dass die Kinder des Leuchtturmwärters ihn auswendig konnten. Fehmarn versetzte Kirchner in einen wahren Schaffensrausch: Über 120 Gemälde, Hunderte von Skizzen, Holzskulpturen sowie einige Holzschnitte gehen auf seine Zeit auf Fehmarn zurück, die zusammengezählt ungefähr eine Spanne von neun Monaten ausmachte. Die Ernst Ludwig Kirchner-Dokumentation informiert über Kirchners Fehmarn-Aufenthalte und zeigt Reproduktionen seiner Bilder, die Einblick in die Fehmarn-Welt gewähren, wie sie Kirchner erlebte – und wie man sie zum Teil heute noch findet. Die schier endlosen Rapsfelder beispielsweise, die alten Häuser in Burg, Steilküste und Leuchtturm von Staberhuk natürlich und die dortige Scheune mit der geschwungenen Vorderfront. Viele von Kirchners Motiven wird man wachen Auges wiedererkennen und mit der heutigen Wirklichkeit abgleichen können. Das fehmarnsche Paradies Kirchners, gebannt auf Leinwand und immer noch real.

TIPP

Der Flyer „Kirchner-Insel Fehmarn: Rad und Fußwege zu seinen Motiven" ist für Kirchner-Fans ein Muss!

● Ernst Ludwig Kirchner-Dokumentation, Stadtbücherei, Bahnhofstraße 47, Burg, 23769 Fehmarn, www.kirchnerverein.de

SEGELBOOTE
IM STURM
GUT STAABERHOF I
FEHMARN
GUT STABERHOF
E.L.Kirchner

Wein & nordisches Ambiente

78

Im Café Traube in Burg

Etwas versteckt in einem stillen Winkel der Altstadt stößt man in einem alten Inselhaus auf das hyggelige Café Traube. Das hübsche rosenbewachsene Häuschen verspricht ein schönes Inneres – und Besucher werden nicht enttäuscht! Die Gasträume sind mit viel Liebe zum Detail eingerichtet, nordischer Lebensstil trifft auf Caféhaus-Kultur. Ein wohliges Ambiente, das dazu einlädt, sich zu setzen und sich etwas Gutes zu gönnen.

Es duftet verführerisch nach frischem Kaffee – die Bohnen dafür entstammen einem besonderen Röstverfahren der dänischen Hede Kafferisteri. Einfach himmlisch zu einem der frisch gebackenen Kuchen aus Bio-Dinkelvollkornmehl. Das Angebot wechselt täglich und darunter können leckerer Kirsch-Schoko-Streusel-Kuchen, cremiger Käsekuchen mit frischen Früchten oder Apfel-Schmand-Kuchen mit Streuseln sein. Ein süßer Traum, zu dem Besuchern auf Wunsch natürlich auch Tee gereicht wird.

TIPP

Im Restaurant Borgo Antico gegenüber italienisch schlemmen.

Eine gute Idee ist es auch, im Café Traube den Tag zu beginnen: Mit einem gesunden Müsli aus Bio-Haferflocken, der Granola-Hausmischung, Nüssen, frischen Früchten der Saison und dazu Joghurt oder Hafermilch, einem Joghurt à la Café Traube mit karamellisierten Nüssen und Ahornsirup oder ganz großstädtisch mit einem Hamburger Franzbrötchen und Café au Lait fängt der Tag perfekt an.

Aber auch wenn man den Tag ausklingen lassen möchte, ist das Café Traube – nicht nur wegen der schönen Terrasse mit Weinrebendach – ein idealer Ort, um in den milden Abendstunden den Tag bei einem Gläschen Wein Revue passieren zu lassen, sich über die Erlebnisse des Tages zu freuen und vielleicht schon neue Pläne zu schmieden für die nächsten Abenteuer. Im Sommer bietet freitags und samstags die gemütliche Weinlounge dafür den perfekten Rahmen mit hohem Wohlfühlfaktor. Und natürlich muss man auch abends nicht hungrig das Café verlassen. Kleine Gerichte wie Suppen oder leckere Paninis sorgen für das leibliche Wohl der Gäste.

● Café Traube, Orthstraße 9–11, Burg, 23769 Fehmarn, Tel. (0 43 71) 6 04 94 45
www.cafe-traube-fehmarn.de

ZUR
TRAUBE
WEINWIRTSCHAFT
RESTAURANT
fritz-kola

Natur pur

79 Im Naturschutzgebiet Grüner Brink

Eine nahezu unberührte Natur finden Besucher an der Nordküste der Insel Fehmarn. Auf rund 134 Hektar erstreckt sich hier eine fantastische Landschaft, die ihresgleichen sucht. Entstanden ist der 2,5 Kilometer lange und gut 150 Meter breite Landstreifen nach einer verheerenden Flutkatastrophe durch den Bau des Landesschutzdeiches im Jahre 1872. Die Strömungsverhältnisse veränderten sich und über die Jahre hinweg bildeten sich kleine, geschlossene Strandseen mit geringer Tiefe. In rund 100 Jahren hat so die Dynamik der Ostsee den Grünen Brink geschaffen, eine Landschaft, die seit 1938 unter Naturschutz steht und Rückzugsort für rund 170 Vogelarten ist. Gänse und Enten leben auf dem seichten Wasser, Möwen und Seeschwalben beobachten die Szenerie von oben und Watvögel durchstöbern den Schlamm nach Nahrung. Es lohnt sich also, sowohl Fernglas als auch Kamera dabeizuhaben. Und vielleicht bekommt man auch den Rothalstaucher vors Objektiv – er ist der Charaktervogel des Naturschutzgebietes. Zu erkennen ist der geschickte Taucher, wie der Name schon sagt, an seinem rot gefärbten Federkleid am Hals.

Auch heute ist der Grüne Brink noch ständigen Veränderungsprozessen unterworfen. Meeresströmungen und immer mal wieder auftretendes Hochwasser formen weiterhin die Küste am Grünen Brink und so gleicht kein Spaziergang durch diese kleine Oase dem anderen. Auf den gut erschlossenen Wegen durch das Gebiet entdeckt man immer wieder etwas Neues und es gibt zahlreiche Möglichkeiten, die Vogelwelt zu beobachten. Bester Startpunkt für einen Spaziergang ist der Parkplatz am Badestrand Grüner Brink. Von dort aus geht es rund 2,5 Kilometer bis zum Niobe-Denkmal, auf dem Rückweg kann man das großartige Gebiet dann vom Strand aus bewundern.

Auch Pflanzenfreunde kommen auf ihre Kosten. Angesiedelt hat sich hier nämlich unter anderem auch die Küstenheide, die dieser ungewöhnlichen Landschaft im Spätsommer noch einen grandiosen Kick verleiht. Ein Farbenspiel, das in diesem Setting lange in Erinnerung und im Herzen bleiben wird.

● Naturschutzgebiet Grüner Brink, zwischen Puttgarden und Niobe-Denkmal, 23769 Fehmarn

Lieblingsmotiv Kleiderbügel

80

Die Fehmarnsundbrücke

Sie verbindet Fehmarn seit 1963 mit dem schleswig-holsteinischen Festland und ist inzwischen zu einem der Wahrzeichen des Landes geworden. Urlauber wie Einheimische erfreuen sich jedes Mal aufs Neue, wenn sie bei der Anreise erstmals ihren Kleiderbügel, wie die Brücke aufgrund ihrer Form liebevoll genannt wird, erblicken. Das wohl meistfotografierte technische Bauwerk Schleswig-Holsteins ist stolze 963 Meter lang, ragt am höchsten Punkt immerhin 69 Meter über dem Meeresspiegel in die Höhe und ist schon von Weitem eine imposante Erscheinung.

Den Wunsch nach einer schnelleren Verbindung nach Skandinavien und somit mit den Wirtschaftsgroßräumen Hamburg und Kopenhagen gab es schon lange. Bereits Ende des 19. Jahrhunderts lagen Pläne für einen Damm oder eine Brücke über den Sund vor, um dann die Route Richtung Dänemark fortzusetzen, die auch Zugvögel auf ihrem Weg nach Norden nehmen. Die Verwirklichung dieser „Vogelfluglinie", wie die Route auch heute noch genannt wird, scheiterte jedoch aus unterschiedlichsten Gründen immer wieder, bis man 1960 mit dem Bau der heutigen Brücke begann. Endlich konnte nun auch die Fährverbindung zwischen Puttgarden und Rødby effektiv und – was vor allem von Bedeutung war – zeitsparend initiiert werden. Weitere Auswirkung der neuen Brücke war der erstarkende Tourismus – die bislang ein wenig abgeschiedene Insel konnte von nun an unkompliziert und schnell erreicht werden und wurde zu einem noch beliebteren Urlaubsziel.

TIPP

Vom Parkplatz Strukkamp am Fuße der Brücke führt eine Steintreppe bis nach oben.

Heute gibt es bereits wieder neue Pläne für die Querung des Fehmarnsunds, doch der seit 1999 unter Denkmalschutz stehende Kleiderbügel soll nach heutigem Stand erhalten und für – wie es heißt – langsame Fahrzeuge und Fußgänger erhalten bleiben. Unbedingt sollte man auch einen Blick von oben wagen, denn die Aussicht über die Insel mit den Leuchttürmen von Strukkamp und Flügge auf der einen sowie den kleinen Hafen auf der anderen Seite und der Blick auf den herrlichen Fehmarnsund – glitzernd blau mit weißen Segeln gespickt – ist einfach grandios!

Fehmarnsundbrücke, 23769 Fehmarn

DANKE an alle, die mich bei der Arbeit an diesem Buch unterstützt und ausgehalten haben! Allen voran danke an Stephan und Bergson – ohne euch gäbe es dies hier nicht. Ganz besonderer Dank geht auch an min Mor für ihr unermüdliches Korrekturlesen.
Ich danke Anja Asbahr, Lina Danklefsen, Mia Barnasch, Malte Krummradt, Martin Rieger, Ludwig Dittmer, Holger Wilder und Almut Wiemold für ihre Unterstützung. Last but not least danke an Ute Voges – danke, dass ich dieses Buch schreiben konnte!

Bibliografische Informationen der Deutschen Nationalbibliothek
Die Deutsche Nationalbibliothek verzeichnet diese Publikation in der Deutschen Nationalbibliografie; detaillierte bibliografische Daten sind im Internet über http://dnb.d-nb.de abrufbar.

Konzeption/Satz: Droste Verlag, Düsseldorf
Einbandgestaltung und Illustrationen: Britta Rungwerth, Düsseldorf, unter Verwendung von Bildern von © Fotolia.com: jd - photodesign.de; © iStock: Plociennik Robert
Fotos: : Sibille Fuhrken, außer: Ahoi Camp Bulli Hotel/Oliver Raatz: S. 145; Barfußpark Fehmarn/Tim Hermsen: S. 97; Büdl'farm: S. 87; Destillerie Fehmarn: S. 83; Stephan Frieling: S. 11, S. 53; Pott und Pinsel: S. 47; Raddens Eis: S. 39; Tourismus-Service Fehmarn: S. 31 (Almut Wiemold), S. 167 (Jonas Hengsbach); Wingfoil Fehmarn: S. 43; www.stock.adobe.com: S. 105 (aro49), S. 149 (Jens), S. 151 (Jürgen Wackenhut)

MIX
Papier | Fördert gute Waldnutzung
FSC® C011279
www.fsc.org

Druck und Bindung: LUC GmbH, Greven
ISBN 978-3-7700-2437-7

www.droste-verlag.de